日本的神明，多謝照顧

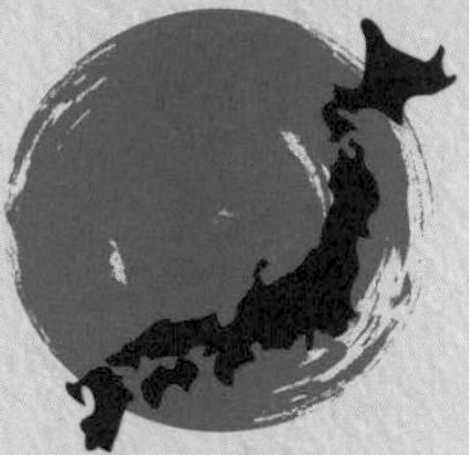

序

日本神明是與我們十分親近的存在。遇到困擾時，也是非常可靠的依賴。

對神明所抱持的這份情感，或許可說是自古以來就存在於日本人心中吧。以「超越人類智慧，像神靈般的存在」等方式來說明神祇，總覺得似乎距離身在俗界中的我們相當遙遠，是很神秘的存在。而隨意說成「就在身旁」，搞不好又會受到天罰。

然而，我們在日常生活所接觸到的神明，被祭祀在鄰近神社中，平日就能輕易前往合掌參拜，並隨時向其傾訴話語。如字面所述，正是就在身旁的存在。不僅神社，公司或工廠裡的小祠，商店或家庭中的神壇等，這些地方都祭祀著神明。正因為神明像這樣位處周遭，我們才能夠隨時向祂尋求依靠。

不過問題是日本神明眾多，人們無法親眼所見，而且各神明又有著艱澀的名稱。無論新年參拜或平常前往神社時，真正清楚在這間神社能夠領受何種神恩、又或能了解其祭祀神明者，實在為數不多。或許至少知道如「稻荷大神」或「八幡大神」這些知名地點，但除了神社迷或神祇迷之外，恐怕沒有人熟悉其他神明。

本書以容易理解的方式，說明神明的個性及神恩，並以插圖適當地描繪出原本不現於人前的神明面貌。期待能夠藉此增添大家對神明的親近感，在前往神社參拜時，也更感樂趣。

戶部民夫

目次

第二章

可在許多神社相遇（分社眾多）的神明

第三章
守護生意興隆・福德圓滿・安產生子的神明

第四章

守護五穀豐收・富有幸福・財運的神明

第五章

守護智慧・學問・出人頭地・開運的神明

神明介紹頁的閱讀方式

本書除序章、特集與專欄以外，
所有介紹神明的頁面將如下構成。

⑥ 神明插圖
以簡單的插圖描繪出神明形象

① 御神恩
以簡單明瞭的方式，說明主要的御神恩（神德）

② 神祇姓名
第一章及第二章將主要以廣為人知的稱呼來表示。第三章至第五章則直接標明正式名稱

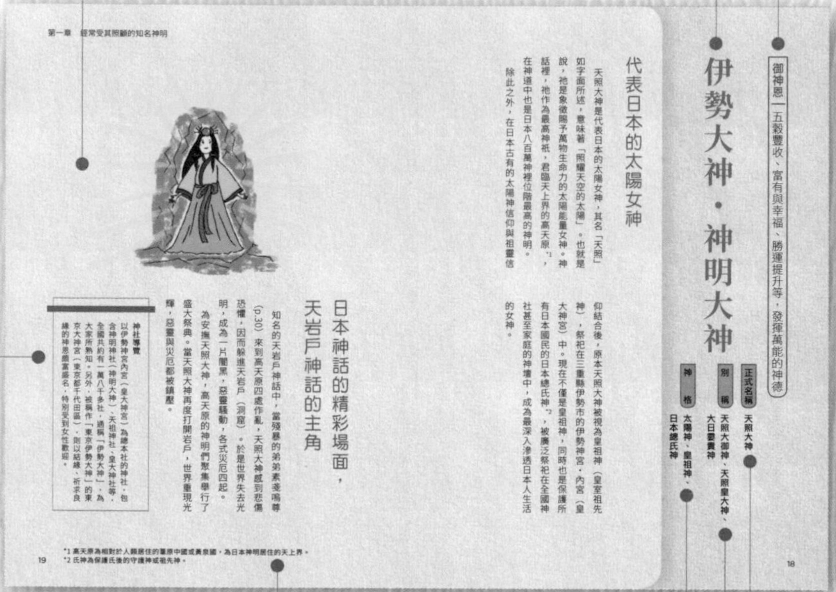

第一章　經常受其照顧的知名神明
伊勢大神・神明大神
御神恩　五穀豐收、富有與幸福、勝運提升等，發揮萬能的神德
正式名稱　天照大神
別稱　天照大御神、天照皇大神、大日靈貴神
神格　太陽神、皇祖神、日本總氏神
代表日本的太陽女神
天照大神是代表日本的太陽女神，其名「天照」如字面所述，意味著「照耀天空的太陽」。也就是說，祂是象徵賜予萬物生命力的太陽能量女神。神話裡，祂作為最高神祇，君臨天上界的高天原*1，在神道中也是日本八百萬神裡位階最高的神明。
除此之外，在日本古有的太陽神信仰與祖靈信仰結合後，原本天照大神被視為皇祖神（皇室祖先神），祭祀在三重縣伊勢市的伊勢神宮・內宮（皇大神宮）中。現在不僅是皇祖神，同時也是保護所有日本國民的日本總氏神*2，被廣泛祭祀在全國神社甚至家庭的神壇中，成為最深入滲透日本人生活的女神。
日本神話的精彩場面，天岩戶神話的主角
知名的天岩戶神話中，當殘暴的弟弟素戔嗚尊（p.30）來到高天原四處作亂，天照大神感到悲傷恐懼，因而躲進天岩戶（洞窟）。於是世界失去光明，成為一片闇黑，惡靈騷動，各式災厄四起。
為安撫天照大神，高天原的神明們聚集舉行了盛大祭典。當天照大神再度打開岩戶，世界重現光輝，惡靈與災厄都被鎮壓。
神社導覽
以伊勢神宮內宮（皇大神宮）為總本社的神社，包含神明神社（神明大神）、天祖神社、皇大神社等，全國共約有一萬八千多社，通稱「伊勢大神」，為大家所熟知。另外，被稱作「東京伊勢大神」的東京大神宮（東京都千代田區），則以結緣、祈求良緣的神恩頗富盛名，特別受到女性歡迎。
*1 高天原為相對於人類居住的葦原中國或黃泉國，為日本神明居住的天上界。
*2 氏神為保護氏後的守護神或祖先神。
19
18

⑦ 神社導覽
介紹祭祀該神明的總本社或代表性分社等情報

⑤ 神格
介紹神明的資格、地位及格式

④ 別名
介紹神明除②及③外的稱呼方式

⑧ 註釋
對文中專有名詞的補充說明

③ 正式名稱
介紹神明的正式名稱。第三章至第五章將省略

序章

日本神明的特徵及對待方式

日本神明眾多

日本神明經常被稱為「八百萬神」，「八百萬」意指數量龐大。大多數的神明一般被祭祀在神社之中，平常透過「參拜」的接觸方式與人們交流。日本全國各地也有許多神社，大部分都祭祀有主祭神及各式其他神明，因此只要前往一間神社，自然就能同時參拜許多神祇。由於為數眾多，像這類可以「隨意接觸」的方式，與其他將全知全能的創造神，視作唯一信仰對象的基督教等一神教，成為明顯的對比。

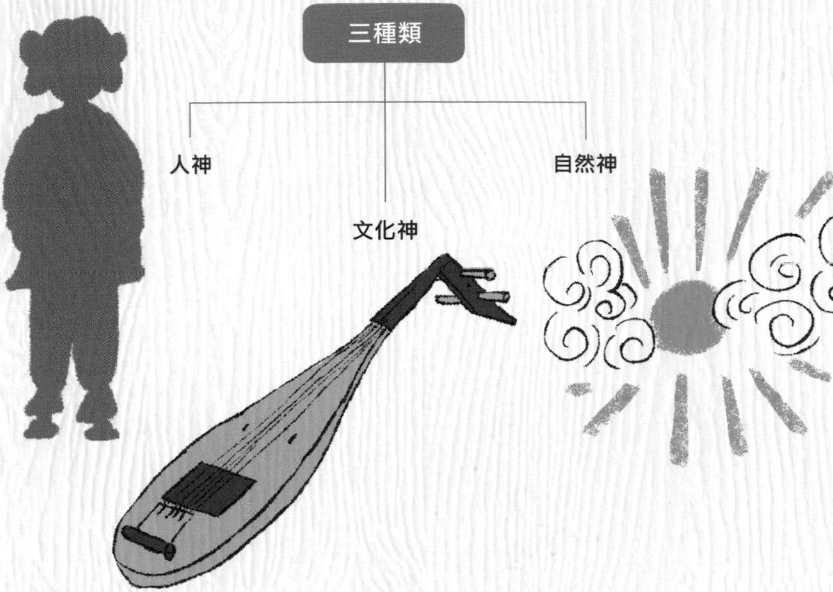

日本神話中登場的神道教神明

那麼，日本神話中究竟有哪些神明呢？以種類而言，大致可分為神道教神明、民俗信仰神明、佛教派系神明及中國陰陽道（道教）神明。其中，平常被我們稱為「八百萬神」的，主要是神道教神明，也可想成是被祭祀在一般神社裡的神明。祂們是登場於《古事記》《日本書紀》[*1]等神話中，頗具個性的神靈。在本書所介紹的神明中，除了菅原道真等人神之外，幾乎都是由此系統而來。這些神明，大致可分為自然神、文化神、及人神三種類別。

*1 《古事記》為日本最古歷史書籍，據傳編撰於西元 712 年。《日本書紀》則是日本最古老的正史，完成於西元 720 年。兩冊內容及出現之名號雖有出入，但大致雷同。後世統稱以「記紀」。

自然神

所謂自然神，就是太陽或月亮等天體的神靈（神格化），甚至包含大地、山、水（海洋、河川）、動植物或風雨（氣象）等存在於地表上的自然現象神靈。最具代表性的為太陽神的天照大神。

文化神

文化神為源起於食衣住等、隨人們日常生活而生的文化行為所產生的神靈。這系列的神明有火神、智慧神、藝能神等神祇。

人神

人神其實是將實際存在的人物作為神明祭祀。有些是為了安撫抱持著怨恨死去的靈魂，所產生的「作祟神・怨靈型」（如菅原道真），或是為讚揚生前功績的「彰顯偉人型」（如德川家康）。

無法親眼看見卻能無限分割

◎日本神明其中一項重要的特性為「無法見其姿態」。

◎因為無法見其姿態導致參拜不便，人們便想出以鏡或劍等作為御神體。

◎能夠無限分割，是日本神明的最大特徵。

◎因此產生了勸請[*1]祭神分靈的祭拜方式，而能夠在各地建築、祭拜相同祭神的神社。

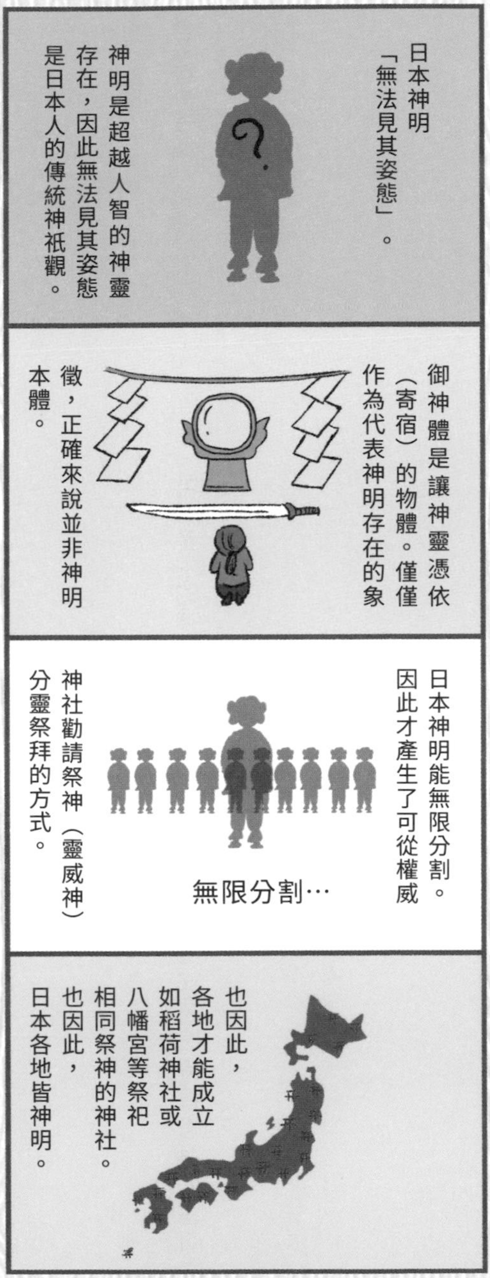
日本神明「無法見其姿態」。
神明是超越人智的神靈存在，因此無法見其姿態是日本人的傳統神祇觀。
御神體是讓神靈憑依（寄宿）的物體。僅僅作為代表神明存在的象徵，正確來說並非神明本體。
日本神明能無限分割。因此才產生了可從權威神社勸請祭神（靈威神）分靈祭拜的方式。
無限分割…
也因此，各地才能成立如稻荷神社或八幡宮等祭祀相同祭神的神社。
也因此，日本各地皆神明。

*1 勸請為日本歷史民俗用語，意指請神分靈至該地。

參拜注意事項及禮儀

畢竟前往神社參拜，即是進出到神明的周遭，因此參拜的重點，就是必須身著符合一般生活常識中該穿著的服飾，並意識到平常即該遵守的禮節。一般參拜禮儀為二禮二拍手一禮。首先到拜殿前，①低頭鞠躬兩次，②擊掌拍出聲響兩次，③最後再低頭鞠躬一次。另外，參拜前先將香油錢投入賽錢箱，然後在二拍手後雙手合掌，於心中靜靜默念向神明祈願之事。

參拜禮儀
二禮二拍手一禮的方式

低頭鞠躬兩次

擊掌拍出聲響兩次
啪啪

最後再低頭鞠躬一次

什麼是神恩

神恩（日文為御利益）的「利益」念為リヤク（riyaku），原是佛教用語，意思是遵守佛教教誨所得到的幸福。因此與生意所得利潤，或滿足個人慾望「好處」的利益完全不同。當我們感謝對方時，經常會說「託您的福」。這裡的「託福」，原是針對那些超出人們所知的神佛力量給予的庇蔭所表達的感謝詞語。與「託福」相同的「御利益」，基本上也蘊含著感謝神佛加持的意涵。

前往神社參拜，向神明祈願，原是為了向神明獲取生存所需的新生能量，藉此產生勇氣及活力，來面對眼前面臨的困境或煩惱。而獲取的能量是否真能成就願望，還是必須靠個人的努力。

可在神社相遇的動物們

前往神社參拜時，一定會遇到一些動物，牠們被稱為「神使」，是服侍神明的靈獸或靈鳥。所謂的神使，意指替代了人們無法親見其姿態的神明的意志而與人類接觸的動物，也被稱為神明眷屬（親戚或親人）。現在數量雖已不多，但在深具歷史的大社中，還是可見被飼養著的神使，像是馬（神馬→伊勢神宮、日光東照宮、住吉大社）、鹿（神鹿→鹿島神宮、春日大社、嚴島神社）、雞（神雞→伊勢神宮、熱田神宮）等等。其他還有狐狸（稻荷神社）、鴿子（八幡宮）、牛（天滿宮）、猿猴（日吉・山王神社）、蛇（祭祀辨財天的神社、諏訪神社）、老鼠（祭祀大國主命的鼠之神社）、野狼（三峯神社、武藏御嶽神社）等，也都相當知名。

第一章

經常受其照顧的知名神明

御神恩—五穀豐收、富有與幸福、勝運提升等，發揮萬能的神德

伊勢大神・神明大神

正式名稱 天照大神

別稱 天照大御神、天照皇大神、大日孁貴神

神格 太陽神、皇祖神、日本總氏神

代表日本的太陽女神

天照大神是代表日本的太陽女神，其名「天照」如字面所述，意味著「照耀天空的太陽」。也就是說，祂是象徵賜予萬物生命力的太陽能量女神。神話裡，祂作為最高神祇，君臨天上界的高天原[*1]，在神道中也是日本八百萬神裡位階最高的神明。

除此之外，在日本古有的太陽神信仰與祖靈信仰結合後，原本天照大神被視為皇祖神（皇室祖先神），祭祀在三重縣伊勢市的伊勢神宮・內宮（皇大神宮）中。現在不僅是皇祖神，同時也是保護所有日本國民的日本總氏神[*2]，被廣泛祭祀在全國神社甚至家庭的神壇中，成為最深入滲透日本人生活的女神。

日本神話的精彩場面，天岩戶神話的主角

知名的天岩戶神話中，當殘暴的弟弟素戔嗚尊（P.30）來到高天原四處作亂，天照大神感到悲傷恐懼，因而躲進天岩戶（洞窟）。於是世界失去光明，成為一片闇黑，惡靈騷動，各式災厄四起。

為安撫天照大神，高天原的神明們聚集舉行了盛大祭典。當天照大神再度打開岩戶，世界重現光輝，惡靈與災厄都被鎮壓。

神社導覽

以伊勢神宮內宮（皇大神宮）為總本社的神社，包含神明神社（神明大神）、天祖神社、皇大神社等，全國共約有一萬八千多社，通稱「伊勢大神」，為大家所熟知。另外，被稱作「東京伊勢大神」的東京大神宮（東京都千代田區），則以結緣、祈求良緣的神恩頗富盛名，特別受到女性歡迎。

*1 高天原為相對於人類居住的葦原中國或黃泉國，為日本神明居住的天上界。
*2 氏神為保護氏族的守護神或祖先神。

大國大神

御神恩｜結緣、夫妻圓滿、授子、富有與幸福、生意興隆等

正式名稱 大國主命

別稱 大己貴命、大物主神、大黑天（七福神成員之一）

神格 造國神、豐收神、醫藥神、福神

孕育生命，象徵大地自然能量之神

大國主命是知名神話「因幡白兔」[*1]的主角，被視為祭祀在出雲大社的結緣神，同時也以身為七福神成員之一的大黑（大國）神而知名。在神話中，祂是素戔嗚尊（P.30）的子神或第七代孫神，經歷克服過種種試煉後，成為國土（地表）的統治者。其後，將國土統治權出讓給高天原的天照大神，移居到出雲國的杵築宮（現在的出雲大社）。大國主命擁有大物主神、國作大己貴命、葦原醜男、八千矛神、大國玉神、顯國玉神等非常多別名。象徵其國土有如孕育生命（豐壤）的大地母親，充滿著偉大神秘的力量，而統一代表這些的名字，正是「大國主」。

多情美男子，也是多妻多子的艷福者

大國主命作為結緣神而深受歡迎的理由，是因為他相貌出眾，是位多戀的情人，而且祂還艷福不斷。在神話裡，與這位神明相戀並結婚的女性，包含正室須勢理毘賣命就共有六位，其子神據說有一百八十一名。

艷福及子孫自古被視為豐收神的象徵，簡單來說，祂的神力正為「豐收、富有、愛與子孫繁榮」。

神社導覽

出雲大社的「神在祭」（農曆十月十日），全國神明都會聚集在此，討論協調各種緣份，又被稱為「神議」。這場大祭中，會舉行結下男女緣份的「神在月．結緣大祭」。另外，奈良春日大社境內末社的夫婦大國社，是日本唯一合祀大國主命與須勢理毘賣命夫妻神的神社。

*1 大國主命隨弟兄前往因幡國途中，拯救並治癒了全身是傷的的白兔。最後受到白兔預言祝福，娶得因幡國的八上比賣為妻。

稻荷大神

御神恩｜五穀豐收、生意興隆、各產業守護、闔家平安、技藝精通等

正式名稱 宇迦之御魂神

別稱 倉稻魂神、稻荷神

神格 食物神（稻靈・穀靈）、食衣住神

稻穀精靈神格化後，成為日本代表的食物神

宇迦之御魂神，是全國各地廣泛祭祀的稻荷神社祭神，一般被稱作「稻荷神」，通稱「稻荷大神」，為許多人熟知。

現今雖因祂在食衣住等相關領域皆能發揮神恩，而深受庶民信仰，但祂的基本特性為稻穀精靈（稻靈・穀靈）神格化之後的日本代表性食物神。

在《古事記》裡，為素戔嗚尊（P.30）（農業神）與神大市姬命[1]（市場神）之間所生，但在《日本書紀》中，為伊邪那岐命及伊耶那美命（P.62）在誕生國土時，因飢餓而氣力衰竭時所誕生。其名「宇迦」（ウカ）與「食」同義為食物，稻荷則自「生稻」訛轉。

*1 為三島大神（p.70）之女。後與素戔嗚尊結為夫妻，生下稻荷大神與大年神（p.104）。

彷彿便利萬靈丹的神明

稻荷信仰的根源，來自古代居住在山城國（京都府）的渡來系[*2]豪族，秦氏所祭拜的稻作農耕之神，祭祀其神的起源為京都伏見稻荷大社。

原本以農耕神發展的信仰，隨著工商業發達而增加了生意興隆及產業發展等信仰。特別是江戶時代[*3]以後，針對庶民的食衣住等相關事務都能對應發揮神恩，轉變成彷彿便利萬靈丹般的神明。

神社導覽

據說全國稻荷信仰的神社多至四萬甚至五萬，以日本神明而言，分社數量驚人地多。與其總本社伏見稻荷大社（京都市伏見區）並列，被稱為日本三大稻荷的神社還有笠間稻荷（茨城縣笠間市）、祐德稻荷（佐賀縣鹿島市）及竹駒稻荷（宮城縣岩沼市）。

*2 日本古稱從中國或韓國等地遠渡重洋而來的民族或神明，為渡來人或渡來神。
*3 指西元 1630-1868 年間，由德川將軍家統治的時期。又稱江戶幕府或德川幕府。

天神大神

御神恩｜學問進步、考試合格、詩歌・文筆、技藝精通、農業守護等

正式名稱 菅原道真

別稱 菅公、天滿天神、天滿大自在天神

神格 學問之神、考試之神

因其功績，由作祟之神轉為學問之神

作為祈求學問進步、考試合格的神明，被人們稱為「天神大神」崇敬的菅原道真，是位充分發揮其卓越手腕的人物，也是平安時代[*1]的學者、文人、政治家。他五十五歲時，在第六十代醍醐天皇時期，就任為右大臣[*2]之重要職務，爾後卻蒙受冤罪下台，貶職到九州太宰府後終其一生。

在他死後，京都頻發天地異變及疫病流傳，人們認為這是道真怨靈作祟而感恐懼，因此將他視作神靈（北野天滿大自在天神）祭祀在京都北野天滿宮。其後，以他一生事蹟至被視為神靈祭祀的靈驗神德作為主題的《北野天神緣起繪卷》大量繪製，天神信仰也因這段緣起而普及，菅原道真逐漸被視為學問、誠信、藝能、災難厄除、農耕、正直之神。

*1 指西元 794-1185 年間，為恒武天皇遷都至平安京（現日本京都）至鎌倉幕府成立之間的時期。
*2 日本古代朝廷行政機關中最高職，別名「右丞相」。

祈求學問進步、考試合格的開端

天神大神被視作學問、文筆之神而廣受百姓信仰，是自江戶時代寺子屋[*3]興盛的時期。在當時寺子屋中排列孩童書桌的教室裡，一定裝飾有天神大神的神像。

而一月初天神[*4]舉行的天神講[*5]活動，是連父母都會全員參與的寺子屋最大行事。在每月二十五日的天神大神結緣日當天，前往鄰近天神神社參拜的習俗，也是今日人們祈求考試合格的起源。

神社導覽

現以菅原道真公作為祭神的神社（天滿宮、天神社、菅原神社等），在全日本將近一萬兩千社。這些幾乎都是由天神信仰發祥之地的京都北野天滿宮所勸請而來。不過也有其他如東京龜戶天神社，是由菅公薨逝的福岡太宰府天滿宮而來的分社。

*3 相當於現今的補習班，於江戶時代普及。

*4 由於菅原道真死於 2 月 25 日，因此每月 25 日被視為菅原道真的結緣日。初天神，則是一年中的第一個二十五日，也就是 1 月 25 日。

*5 二十五日舉行的相關祭祀活動，祈求孩童的健康成長，學問成就。

御神恩｜家族平安、家業繁榮、勝運提升、除厄、治癒疾病等

八幡大神

正式名稱 應神天皇

別稱 譽田別尊、八幡神、八幡大菩薩

神格 文武之神、弓箭之神（武神）、破邪之神

由武神轉變為守護百姓生活之神

大家熟知的八幡神社祭神「八幡大神」是應神天皇，這個名字是他的諡號（死後贈名），有些神社則是以他生前實名譽田別尊祭祀。

另外，一般在八幡神社裡會同時祭祀其母神神功皇后（P.122）及后神比賣神（宗像三女神）（P.34），稱為「三座一體」，是基於八幡信仰總本社宇佐神宮（大分縣宇佐市）的祭祀形式而產生，也成為八幡大神御神恩能夠廣泛發揮的基礎。

雖然現今庶民形象深植，但在平安時代之後為源氏[*1]氏神，也被視為戰國武將的守護神，本被視作武神（弓箭之神）信仰，但現已成為與百姓生活密不可分的守護神，受人們深深崇敬。

發揮靈威建造奈良大佛

起源於北九州的八幡信仰與應神天皇結合的理由至今為謎，一說為應神天皇是出生於筑紫國（福岡縣），是實際存在於歷史上的天皇。傳說基於他積極地導入中國文化，建立了日本國的文化基礎。此事蹟被認為是他和八幡神結合的極大要因。

奈良時代[*2]，宇佐八幡神發揮靈威，幫助建立日本國家重要建設的東大寺大佛的故事，也十分有名。

神社導覽

據傳全日本的八幡神社數量約為三萬或四萬，以分社數量排名而言，僅次於稻荷大神為第二多。八幡信仰起源的總本社是宇佐神宮（大分縣宇佐市），其分靈為清和天皇嫡系的源氏氏神，位於石清水八幡宮（京都府八幡市），及源賴朝開啟的鎌倉幕府守護神鶴岡八幡宮（鎌倉市）。

*1 以「源」為姓的氏族，起源皇室。知名人物有源義經等。
*2 指西元 710-794 年間，首都建立於平城京（現日本奈良）時期。

御神恩—生意興隆、農漁豐收、運氣提升與幸福、家族平安

惠比壽大神

正式名稱 蛭子神（西宮大神）

別稱 惠美須神（七福神之一）、惠比壽神（也寫作蛭子神、夷神、戎神）

神格 海神、漁業神、商業神、福神

海洋流放神話的蛭子與來訪神的惠比壽

蛭子命，是伊邪那岐命與伊邪那美命（P.62）最初生下的孩子，但因身體缺陷而被流放海中。祂是與海洋極具淵源的神明，和民間自古相信遠從海洋彼方而來的來訪神（豐收神）惠比壽結合，產生了惠比壽信仰。

就算一般人不太熟悉蛭子命此一名號，但只要提到祭祀在惠比壽神社的神明，也就是七福神成員之一的惠比壽，相信大多數人腦海中都會立即浮現祂的姿態。

通稱「惠比壽大神」「惠比神」「御惠神」，眾人熟知的惠比壽神是日本代表福神。祂身穿狩衣指貫（平安時代的貴族日常服飾），頭戴烏帽，肩扛釣竿，手抱大鯛，總是面帶笑容的神像讓人感到親切。

七福神裡重要的中心成員

身為授予財富及幸福的福神，惠比壽神的人氣攀升是在室町時代[*1]商業社會發展時，以商人為中心而產生福神信仰。

當時惠比壽神與大黑大神（大黑天）或稻荷大神，一同被視為生意興隆的守護神而受到崇敬。特別是惠比壽神引領福神潮流，於是室町時代末期發展出七福神信仰，祂也成為了其中重要的中心成員。

神社導覽

惠比壽神社的總本社為兵庫縣西宮市的西宮神社。該社在一月九日至十一日這三天所舉行的「十日惠比壽」，每年都吸引百萬人以上前往參拜，現場相當熱鬧。特別在十日的大祭神事結束後所舉辦的「開門神事選福男」，為其獨特的傳統活動，是日本關西地區知名的新年風情畫。

*1 指西元 1336-1573 年間，受足利幕府（足利將軍家）統治的時期。

御神恩｜惡運退散、疫病退治、五穀豐收、身體健康、良緣等

祇園大神・天王大神

正式名稱 素盞嗚尊

別稱 建速須佐之男命、牛頭天王

神格 防災除疫之神、農業神、和歌之神

退治八岐大蛇的英雄是農耕生產的守護神

素盞嗚尊是伊邪那岐命（P.62）在淨身時，與天照大神及月讀命（P.98）一同產生的神明，也是日本神話中，制伏八岐大蛇的知名超級英雄。神話故事裡，因祂在高天原作亂，使其姊天照大神躲入天岩戶，於是被視作「惡人始祖」而受罰流放至地表的出雲地區，爾後擊退怪物，拯救美麗的稻田姬命（P.108）並娶她為妻，轉身一變成為保護人類性命及農耕生產的英雄神明。

現今祂被祭祀在廣泛流傳於全日本的祇園信仰、津島信仰與冰川信仰系統的神社中，在八百萬神裡，作為高等靈威神而受到敬仰。雖然祂的神德主要為防災除疫、五穀豐收，但由於祂和稻田姬命結婚的故事，也被信仰為良緣之神、和歌之神。

*1 日本民俗認為，神明同時具有和善的「和魂」及殘暴的「荒魂」兩面。因此在神道信仰中，有祭祀荒魂祈求溫順平善，或希望藉其兇惡的力量，來懲治惡靈。

與防疫神牛頭天王結合而發展的祇園信仰

素盞嗚尊與佛教退治疫病之神牛頭天王結合，被視為同一神祇。素盞嗚尊及牛頭天王都是能夠發揮強大力量的荒神[*1]。兩者的結合，是基於《備後國風土記》[*2]中的「蘇民將來」逸事而廣為流傳。

神社寺廟授予標記著「蘇民將來子孫也」的除魔護符，或是每年六月舉行的夏越大祓「穿越茅草圈」活動等，都緣起於這段故事。

神社導覽

全國祇園信仰（稱呼中有八坂、祇園、彌榮的神社）的總本社為八坂神社（京都市東山區），津島信仰總本社是津島神社（愛知縣津島市），冰川信仰的總本社為大宮冰川神社（埼玉市）。如果特別想祈求良緣，據說前往以夫妻神共同祭拜其妻稻田姬命的神社，效果尤佳。

*2 約在7世紀時，日本參考中國律令制度，將國土地理以「國」作為行政單位劃分，稱為「令制國」，直到明治時代才廢除。奈良時代，各令制國編撰記述該行政區域人土文化的《風土記》獻於天皇。如備後國為現今廣島東半部區域。

住吉大神

御神恩｜除厄、航海安全、農業・各產業守護、和歌精通等

正式名稱 住吉三神（底筒男命、中筒男命、表筒男命）

別稱 住吉神、墨之江三前大神、筒男三神

神格 清祓之神、海神、航海之神、農業神、和歌之神

淨身除穢而生的海神所擁有的淨化力

一般稱呼為「住吉大神」而深受人知的住吉三神，自古被信仰為淨化之神、航海之神。住吉三神是神話中，從黃泉國（死者之國）回到現世的伊邪那岐命（P.62），進入海裡進行清洗死污的淨身儀式時所產生的神明。在海底清洗身體時，出生了底筒男命，在海中出生了中筒男命，接近水面時則出生了表筒男命，產生了三神一組的神明。

這段神話被認為是神道教之基礎，也就是淨化儀式「禊祓」的起源。象徵能夠沖洗污穢，進而清淨的海（水）淨化力，住吉三神被視為除厄之神或清祓之神，除厄信仰也成為其神德中最重要的一環而被廣為流傳。

自古便為航海神發揮靈威

住吉三神自古就作為航海之神發揮靈威，守護著與中國交流的船隻。

著名的神功皇后（P.122）傳說中，當皇后遠征新羅，住吉三神發揮靈威，守護軍船航海平安及勝戰。凱旋後，皇后為表感謝，在攝津國（大阪府、兵庫縣）住吉地區建造社殿並衷心信仰，這就是住吉大社的創設起源。在遣唐使時代[*1]，住吉三神作為遣唐船的航海安全及旅途平安的守護神，而被深厚崇敬。

神社導覽

全國的住吉信仰神社約兩千社，大多是出自大阪市住吉區總本社住吉大社的分社。此外也有從與祭祀住吉三神的神功皇后深具歷史淵源的福岡市住吉神社、山口縣下關市住吉神社、或長崎縣壹岐市住吉神社等勸請神明並祭祀的神社。

*1 遣唐使為日本派往中國的使節。在西元 618 年隋朝滅亡而建立唐朝前，原為遣隋使，唐朝成立後才改名為遣唐使。一直到 907 年唐朝滅亡後，日本才終止派遣使節前往中國的制度。

御神恩—船隻與航海守護、漁作豐收、豐收、富有與幸福、技藝精通等

宗像大神・嚴島大神

正式名稱 宗像三女神（多紀理毘賣命、市杵島姬命、田寸津比賣命）

別稱 宗像神、嚴島神、辨財天（七福神中的一朵紅花）

神格 海神、航海之神、水神、農業神

從素戔嗚尊之劍而生的海神三姊妹

宗像三女神原為海神、航海之神，與辨財天信仰結合後，被現為財福、技藝、農業等守護神，深受人們崇敬。

神話裡，天照大神與素戔嗚尊在高天原進行誓約（神占）之際，從素戔嗚尊的劍裡生出了海神三姊妹。祂們在天孫降臨[*1]途中一路守護，並在降臨地表後成為航海之神，鎮座於北九州的宗像大社（「宗像」稱呼的由來）。

之後，三女神信仰從以乘船或漁民為中心的北九州，傳播至瀨戶內海地區，三女神也被祭祀在廣島縣嚴島神社（「嚴島」稱呼的由來）。因深受平清盛[*2]信奉，被視為平氏守護神，也因與佛教的辨財天結合，三女神靈威愈見增強，信仰也廣傳全國。

與辨財天結合而流傳的庶民信仰

三女神中，以美貌而頗具盛名的市杵島姬命，與佛教的辨財天結合後被通稱為「辨天大神」，以辨財天的身分加入七福神，成為其中的一朵紅花。

辨財天原是司管財寶、美麗、音樂、藝能等的印度河神，與市杵島姬命共同具有水神特性，且兩者皆為相當美麗的女神，據說因此才會被視為同一神祇。

神社導覽

與辨財天結合的市杵島姬命，其名稱最有力的解說為「祭祀神靈的島嶼」。被認為是日本三大辨天的嚴島神社（廣島縣二十日市市）、竹生島神社（滋賀縣長濱市）、江島神社（神奈川縣藤澤市）等，自古便為辨財天信仰的根據地，無論何者都被祭祀在靈域島嶼上。

*1 可參考 p.106。
*2 平清盛為平安時代末期的武將公卿。

七福神

大黑天
福祿壽
毘沙門天
惠比壽
壽老人
布袋
辨財天

與福神合體的便利祈願法

七福神是從日本、印度、中國的神明中，選出七位神明共聚一堂的「福神團體」。這是日本特有的信仰型態，簡單來說，是喜愛福神的日本人所發想，可有系統地使福德倍增的便利祈願法。七福神源自商業發達的室町時代所產生的福神信仰，當時就有共同祭拜引領福神人氣的惠比壽與大黑天的習俗。「與其祭拜一位神明不如祭拜兩位，那麼讓更多福神合體，不就愈加能夠期待強大神恩！」這種想法之下，產生了七福神。關於「七」這個數字最有力的說法，是基於奈良時代傳來的佛教經典《仁王般若經》中所記載的「七難即滅、七福即生」。

七福神巡禮及吉祥寶船

起初七福神也曾替換過成員，但在江戶後期之後，固定成員便為惠比壽、大黑天、辨財天、毘沙門天、布袋、福祿壽與壽老人七位神祇。文化、文政年間[*1]起，於年末年初參拜七福神的習俗在江戶市民之間蔚為風潮，這就是現今七福神巡禮的起源，現在全國各地都有其固定的七福神巡禮路徑。另外，雖然提到七福神就會讓人想起寶船畫，但寶船思想來自從海洋彼岸仙境而來的來訪神（福神），是從日本古有思想為背景而產生的信仰。江戶中期，人們將滿載七福神和寶物的寶船形象描繪在咒符上用以占夢，作為初夢的吉祥物，在百姓間廣為流傳。

*1 文化及文政為江戶時代年號。文化年間為西元 1804-1818 年，文政年間為 1818-1831 年。

廣泛庇蔭「福氣」的成員

惠比壽

出自日本，以「惠比神」之名為大眾熟悉的福神。和惠比壽信仰的總本社——西宮神社（兵庫縣）的祭神惠比壽大神（蛭子神）為同一神明，被視為生意興隆、豐收、漁貨豐收等守護神。

大黑天（大國大神）

為古代印度神明，在日本被視作天台宗寺院的廚房守護神。與神道教的大國主命結合後，成為家業繁盛的福神而深受喜愛。御神恩為生意興隆、豐收、家業繁盛等。

毘沙門天（多聞天）

古代印度之神。因其為守護佛教聖山須彌山的四天王中最強大的武神，因此也被認為是能夠打倒邪惡（敵人），守護正義之神。擁有破除命運招來福氣（開運招福）、生意興隆等御神恩。

辨財天（辨才天）

古代印度神話中的河川女神，在日本被稱為大辨才功德天，並被認為擁有智慧、名聲、解脫等功德。之後與神道教的海洋女神市杵島姬命結合，成為財福之神。其御神恩為財運、豐收、漁貨豐收、技藝精通等。

壽老人

來自中國的長壽與智慧之神，是長有白鬍，身形矮小的老人。手持綁有文卷的長杖，並帶著象徵長壽兩千年的鹿隻。

福祿壽

以中國北宋時期的道士作為原型的仙人，是司管長壽並象徵人德的神明。也有一說為「福」「祿」（上天賜予的幸運）「壽」等福份所組合而成的神祇。

布袋

以大肚腩及充滿福氣的笑容為特徵的神明，授予人們智慧福德。是中國實存的禪僧，傳說也是彌勒菩薩的化身。

什麼是神罰及作祟？

日本神明喜好清淨，極度厭惡不淨（污穢），無論神罰或作祟等思想，皆基於人們的不淨言行，引發神明怒火而譴懲的某些災厄。所謂「作祟」，意為神明「彰顯」人前，也就是原本人們無法見其姿態的神明現身。眼見不可出現的事物便為異常（不淨），由此產生的疫病蔓延或天地異變等災害所引發的社會不安乃至個人災難，都被認為起因於神明憤怒所產生的「作祟」，逐漸稱之為神罰。一旦受到神罰，本人將直接遭遇災厄，據說還會禍及子孫，最好盡可能避免觸怒神明。

第二章

可在許多神社相遇（分社眾多）的神明

諏訪大神

御神恩｜五穀豐收、產業繁榮、運氣提升、長壽、良緣等

正式名稱　建御名方神

別稱　諏訪神

神格　狩獵神、農耕神、武神

諏訪地區自古祭祀的山神、水神

建御名方神是以長野縣諏訪大社作為總本社，擴展日本全國共五千七十三社的諏訪神社主祭神。神話裡，祂不但是大國主命的么子，擁有極大力氣，並在「讓國」[*1]時，與天照大神的武神使者武甕槌命（P.54）對峙至終，最後戰敗而隱棲信濃國（長野縣）諏訪湖畔。

同時，統整流傳於諏訪地區的諏訪大社緣起傳說而成的《諏訪大明神繪詞》中，建御名方神自天降臨，征服諏訪地區的先住地主神（山神）及諏訪湖龍神（水神）等神明後，鎮座於此。因此，此神原型並非由神話創作的形象而來，可視為自古祭祀於諏訪地區的土著神[*2]。

*1 讓國神話主要描述天孫瓊瓊杵尊一行人降臨後，要求大國主命交出國家統治權。

作為弓箭之神發揮靈威

原是狩獵神的建御名方神被稱為「弓箭之神」。弓箭在古代象徵武器、武力，於是祂很早就被認為是武神、軍神而被信仰。

平安時代，當坂上田村麻呂征討奧州[*3]時，諏訪神化身兵士討伐敵軍。另有傳說祂在鎌倉時代蒙古來襲時，化為龍神現身發揮靈威。因此鎌倉時代以源賴朝[*4]為首，深受幕府御家人們的崇敬信仰。

神社導覽

諏訪信仰的總本社諏訪大社，為鎮座在長野縣諏訪湖南側及北側（諏訪市、茅野市、下諏訪町）的四座宮社所組成。主要神社還有據傳由坂上田村麻呂創建的秋田諏訪宮（秋田縣美鄉町），與以日本指定重要無形民俗文化財產「長崎宮日」聞名的鎮西大社諏訪神社（長崎市）。

*2 土著神指當地自古既有神祇。
*3 坂上田村麻呂為平安時代初期的武將、公卿。受天皇之命征討奧州（今東北地區）。
*4 源賴朝為平安時代末期的武將。

山王大神

御神恩　各產業繁榮、家族平安、除厄、富有與幸福、良緣等

正式名稱　大山咋神

別稱　日吉神、山王權現、山末之大主神

神格　山神、農業神、造酒神

與最澄的天台密教結合，神威擴展全國

大山咋神以滋賀縣日吉大社為總本社，是日本全國共約三千八百分社的山王信仰主祭神。也是以京都松尾大社為總本社的松尾信仰神社（全國約一千兩百社）祭神。原為依宿比叡山（日枝山）上的山神，起初是開發國土、守護農耕之神，同時也有天台宗延曆寺[*1]鎮護神的一面。

平安遷都[*2]後的延曆二十五年（西元八〇六年），傳教大師最澄在比叡山創建延曆寺時，將祭祀地主神的日吉大社，與中國唐朝天台山國清寺的山王祠結合，這也是「日吉山王」一稱中「山王」由來。天台密教具備了實現具體神恩，如鎮護國家、富有或長壽等而加以祈禱的體系，隨其布教活動讓山王大神的神威廣傳全國。

因丹塗箭傳說與美麗巫女神婚

《山城國風土記》中的賀茂緣起逸事，以丹塗箭傳說受人知曉。傳說山神（水源神）大山咋神化身塗成紅色的鏑箭拜訪玉依姬命，婚後生下了賀茂別雷命（P.68）（京都・上賀茂神社）。

這項傳說被解釋為是藉由穀靈與祭祀穀靈的巫女間的神婚秘儀，產下新生穀靈，以此祈求豐收，反映了古代的農耕祭祀。

神社導覽

大山咋神被祭祀在全日本的日吉神社、日枝神社、山王神社。日吉神的神使是猴子（神猿），日枝神社（東京都千代田）的神猿御守「去魔」「結緣」等御神恩相當受到歡迎。松尾大社（京都市西京區）作為造酒神，聚集了全日本造酒業者的崇敬。

*1 天台宗為大乘佛教的流派之一，其總本山（總寺）為比叡山延曆寺。
*2 恒武天皇於西元 794 年，將首都遷移至平安京（現京都），稱為平安遷都。

御神恩——農漁守護、富有與幸福、勝運提升等發揮萬能的神德

熊野大神

正式名稱 熊野神

別稱 熊野三社（家都御子神、熊野速玉男神、熊野夫須美神）、熊野三山

神格 紀伊熊野的山・海・瀑布神

神格化的紀伊熊野之山・海・瀑布精靈

「熊野大神」是廣泛流傳在全日本的熊野信仰的祭神熊野神，自古被稱呼為熊野三社、熊野三山、三熊野等。三社（三山）指的是熊野信仰總本社，位在和歌山的熊野本宮大社（本宮町）、熊野速玉大社（新宮市）與熊野那智大社（那智勝浦町），總稱熊野神。

本宮大社祭神為家都美御子神（素盞嗚尊別名），速玉大社祭神為熊野速玉之男神（伊邪那岐命別名），那智大社祭神為熊野夫須美神（伊邪那美命別名）。三社祭神，是分別將熊野的山（或樹木）、海（熊野灘）、瀑布（那智瀑布）的精靈神格化後，而擁有了山神（農業神）、海神（漁業神）、水神（長壽神）等基本性格。

熊野神神使為八咫烏

熊野神以三支腳的八咫烏[*1]為神使一事相當有名。當神武天皇[*2]登陸熊野時，八咫烏受天照大神命令為其指路，傳說也曾在熊野神自海洋彼方上岸時幫忙指引路徑。

在熊野三社的牛王寶印護符[*3]上，繪有三支腳的烏鴉，過去就被認為是非常神聖的事物。此符為武家主從定下誓約或其他約定時，作為寫下誓約的用紙，也可當成除魔護身符。

神社導覽

因互相勸請祭神，而提高了熊野三社的一致性。由熊野三社發展而分布全國的熊野信仰神社，有熊野神社、熊野權現社、十二所神社、若一王子宮、今熊野神社、熊野新宮神社、熊野三所神社、三熊野神社等，數量約及三千三百社。

*1 八咫烏是日本神話中，為神武天皇引路的神使。一般形象為三隻腳的烏鴉。
*2 神武天皇為日本初代天皇。他為尋找適合治理國土之地，而踏上東征之路。
*3 牛王寶印又稱熊野牛王神符，是熊野三社特有的護符。

白山大神

御神恩｜五穀豐收、漁獲滿足、良緣、長壽、家內繁榮等

正式名稱 菊理媛神

別稱 白山比咩神、白山神、白山大神、白山權現

神格 農業神、漁業神

調解伊邪那岐命與伊邪那美命之爭的女神

菊理媛神是全日本白山神社總本社，以靈峰‧白山為御神體的白山比咩神社（石川縣白山市）祭神，一般暱稱為「白山大神」。神話中，當伊邪那岐命與伊邪那美命，在黃泉國（死者之國）及現世（生者之國）的邊界黃泉平坂爭執時，菊理媛神登場，傾聽兩神說法後順利化解，讓伊邪那岐命平安回到現世。

白山神社裡會合祀伊邪那岐命與伊邪那美命，也是源自這段故事。另有一說則為菊理媛神即是眾神母神的伊邪那美命，不過這也顯現出，自古作為守護世上所有生命的「生命親神」而被信仰的白山神性格。

祭祀依宿靈峰白山神靈的巫女

菊理媛神＝白山比咩神的原型，也被認為是服侍靈峰白山神靈的巫女神格化後而來。

在日本民俗信仰中，山岳是祖先靈寄宿的他界，人們相信祖靈會作為山神守護子孫繁榮。而巫女的任務就是與山神（祖靈）交流，並託宣神意。自古民間就有以此維生的靈能力者Itako，也傳說菊理媛神為他們的祖先。

神社導覽

白山信仰總本社，白山比咩神社，自古就是農漁業守護神。將其原本樸實的信仰型態，賦予佛教意涵後系統化，並散播白山信仰的是白山開山祖．泰澄上人*1。之後，順應與越前*2關係深厚的淨土真宗或曹洞宗的信仰網絡，白山信仰逐漸擴展。目前分社數共有兩千七百十七社。

*1 泰澄上人為奈良時代僧侶。西元702年被任命為鎮護國家的法師，後行走日本各地進行布教。死後受天皇贈名為泰澄。

*2 古時越前約為現今福井縣的嶺北地區及敦賀市，初設時範圍更大，還包含現在的石川縣全境。

熱田大神

御神恩　五穀豐收、富有與幸福、勝運提升等發揮萬能的神德

正式名稱　熱田大神

別稱　熱田大明神

神格　劍神（武神）、太陽神、農業神

將日本武尊揮舞過的草薙劍作為御神體祭拜

熱田大神是著名的三神器[*1]之一靈劍・草薙劍[*2]之靈神格化後的神明，在熱田信仰總本社的熱田神宮（愛知縣名古屋市）裡，祭拜著作為御神體的草薙劍。

熱田神宮是日本武尊（P.72）之妻宮簀媛命，依其遺言「重祀此劍（草薙劍），為吾形影（御正體）」，而在夫君死後祭祀靈劍而創始的。御神體草薙劍上寄宿有日本武尊神靈，同時，也因為此劍原主人為天照大神，於是也被認為是天照大神神靈寄宿的御靈代[*3]。

熱田大神因具有劍神性格，被視作武神、戰勝之神信仰，同時因具備天照大神的太陽神性格，自古也被視作農業守護、開拓土地的守護神崇敬。

*1 天孫瓊瓊杵尊降臨人間前，天照大神授予了神鏡、勾玉與劍隻。後成為日本天皇代代繼承的神器。

*2 素盞嗚尊砍殺了八岐大蛇後，從大蛇體內出現的神劍。

信長祈求勝戰後的戲劇性勝利

祭祀熱田大神的熱田神宮，據說是為迎接第十二代景行天皇治世創建。此後，被朝廷視為與伊勢神宮同等級的神社，並作為鎮護國家之宮。

中世後，以源賴朝（其生母是熱田神宮大宮司藤原季範之女）為首深受武家崇敬。其中，織田信長在永祿三年（西元一五六〇年）的桶狹間之戰[*4]時，在此祈求勝戰一事也相當知名。

神社導覽

以熱田神宮為總本社的熱田信仰神社，將熱田大神尊為祭神，在全國共約有兩千社。許多分社名為八劍神社（愛知縣蒲郡市），其他還有八雲神社（北海道八雲町）、櫻山八幡宮（岐阜縣高山市）、熱田神社（岐阜縣惠那市、郡上市、各務原市及其他）等。

*3 御靈代為替代神明接受祭祀的事物。

*4 桶狹間之戰為織田信長的知名戰役之一。當時他僅以少數軍力，對抗並戰勝了率軍兩萬五千的今川義元。被稱為日本三大奇襲。

淺間大神

御神恩｜農漁業守護、授子、安產、育兒、防火、良緣等

正式名稱 木花開耶姬命

別稱 木花之佐久夜毘賣命、淺間大神、酒解子神

神格 富士山之神、農業神、子安神

象徵櫻花與噴火靈峰富士山之美

木花開耶姬命是象徵日本代表花卉櫻花之美的女神。神話中，她是日本山神總帥的大山祇神之女，其姊為岩石女神（相對於妹妹象徵稍縱即逝的花卉壽命，姊姊象徵永久不滅之命＝長壽）磐長姬命。

初見天孫瓊瓊杵尊（P.106）便結下連理，僅一夜相依即懷有身孕，被懷疑「是其他男性之子吧」。感到憤慨的她為表清白，進入產房後封住出入口，親自點火，並在熊熊燃燒的火焰中，產下三名天照大神的直系子孫。與火相關的這段故事，及其與噴火靈峰富士山的美麗山貌並駕齊驅的美貌女神形象，也因此被視為富士山之神。

因火中生產神話成為安產之神

淺間信仰中心自古便為崇敬鎮住富士山的火（噴火）之水（水德）的農業守護神，因木花開耶姬命的火中生產故事，與民間信仰中守護孕婦及新生兒的子安神結合，被廣泛信仰為授子、安產之神。

另外，在祂生產後，父神大山祇神為慶祝而釀造了芳醇香酒。由這段神話，祂與父神也一同被祭祀為造酒之神（酒解子神）。

神社導覽

淺間信仰的神社分布以靜岡縣與山梨縣為中心，從中部地區往關東、東北地區延展，約一千三百多社。主要神社為總本社的富士山本宮淺間大社（靜岡縣富士宮市），甲斐國一之宮[*1]的淺間神社（山梨縣笛吹市），與以「吉田火祭」[*2]聞名的北口本宮富士淺間神社（山梨縣富士吉田市）等。

*1 在日本古代各令制國中，一之宮為該令制國區域中，格式最高的神社。
*2 吉田火祭為日本三大奇祭之一。於每年 8 月 26 日與 27 日舉行。

鹿島大神

正式名稱 武甕槌命

別稱 鹿島神、建御雷之男神、布都御魂神

神格 劍神、武神・軍神、雷神、農業神

活躍在讓國神話中的強力劍神

提及鹿島神，自古祂就被當作武神・軍神受到信仰。從戰國時代末期到江戶時代，也作為武道之神、劍術守護神，受武士或劍術家崇敬。以劍豪・塚原卜傳[*1]為師祖的鹿島新當流、鹿島新陰流、鹿島神流等流派名稱，正代表蘊含著鹿島劍神、武神靈力的神聖劍技。

鹿島神＝武甕槌命，是神話中當伊邪那岐命砍下司火的迦具土神（P.56）之首時，從其血液而生的劍神。在十分有名的讓國神話場面中，受天照大神命令被派遣到地表，與國土支配者大國主命對峙時，祂盤坐在倒插的劍尖上，以此舉動威嚇，使得大國主命承諾交出統治權而立下功績。

古代權力氏族的守護神

武甕槌命被視為古代權力氏族中臣氏（後為藤原氏）的氏神，祭祀在春日大社[*2]第一殿，以春日神之名受到崇敬。

將原本是常總地區（千葉縣北部、茨城縣南部）土著神的鹿島神與大和朝廷結合的，正是自古管理常總地區的中臣氏。

被祭祀在守護政權有力者的春日大社中，鹿島神成為了全國性的有力神明。

神社導覽

從鹿島信仰總本社鹿島神宮（茨城縣鹿嶋市），勸請其祭神武甕槌命分靈祭祀的神社，以關東、東北地區為中心，在全國共約九百十八社。另外，因武甕槌命為奈良春日大社四所明神之一，也被祭祀在以春日大社為總本社，擴展全日本的春日信仰神社（約三千社）中。

*1 塚原卜傳為日本戰國時代的劍士、兵法家。
*2 位於日本奈良的春日大社，是中臣氏為了祭祀氏神而創建的神社。為全國約一千社的春日神社總本社。

御神恩｜防火・防災、生意興隆、鍛造・金屬精鍊業、陶器業守護等

愛宕大神

正式名稱 迦具土神

別稱 火之迦具土神、火產靈神、秋葉大神、秋葉大權現

神格 火神、伏火神、鍛造神、陶瓷器神

與人類文化生活密不可分的司火之神

迦具土神別名火產靈神，是登場於日本神話中的火神。作為神社祭神，一般暱稱為「愛宕大神」「秋葉大神」，被祭祀在全國各地的愛宕神社、秋葉神社，作為防火・防災之神而受到崇敬。

在人類生活文化中，即便火不可欠缺，但同時又有火災、火山噴發或落雷引起火災等，將各種事物燃燒殆盡的強大力量，因此火也有令人類感到生命受威脅的另一面。像這樣象徵火的迦具土神守護神的基本個性，便是發揮靈力控制火焰能量，守護人類性命財產，是相當值得信賴的神祇。

象徵強烈火焰能量

知名的火焰起源神話中，迦具土神誕生時，因燒傷母神伊邪那美命陰部導致她喪命，激怒的伊邪那岐命便將其斬殺。

當時從四散的血液或屍體各部位，誕生各種象徵能夠燒裂岩石的火威、引發雷電的火源（象徵此力的雷神或劍神）及能夠控制火力的水靈（水神或山神）等各種神明，這是來自古代精鍊或鍛治金屬的聯想。

神社導覽

將迦具土神視為防火．防災之神祭祀的神社系統，大致分為被稱為「愛宕大神」、以京都愛宕神社（京都市右京區）為總本社的愛宕系，及被稱為「秋葉大神」、以靜岡縣濱松市秋葉山本宮秋葉神社為總本社的秋葉系。愛宕系分社約九百社，秋葉系約八百社。

御神恩——船隻與航海守護、富有與幸福、勝運提升等發揮萬能的神德

金毘羅大神

正式名稱 大物主神

別稱 金毘羅神、金毘羅大權現、金毘羅

神格 海神、航海神

受漁業・海運業者崇敬的海神

提到「金毘羅」，以民謠歌詞「金毘羅船兒，順風滿帆吹啊吹……象頭山金毘羅大權現……」而廣受日本民眾熟知，是好感度相當高的神明。原性格是海神，自古作為航海神、船神，受漁業者或海運業者深厚信仰。在建造新船隻時，有著船主必定連同船頭或船員，一同前往參拜金毘羅大神，奉獻華麗船隻繪馬的習俗。

過去也曾經有獨特的「木桶流放」代拜習俗。航經瀨戶內海讚岐（香川）海上的船隻，需將放有初穗（香油錢）並掛著寫上「奉納金毘羅大權現」旗幟的木桶流放海中，拾獲木桶的船隻就會「獲得福氣」，之後必定將其送至金刀比羅宮。

與大物主神結合的海神

金毘羅大神原是印度的宮比羅神，在佛教裡是幫助釋迦的十二神將（佛教守護神）之一。祂是棲息在恆河中的鱷魚（日本神話中，鱷魚是海神化身）神格化後的神明，傳入日本後成為海神或龍神，被認為是能夠守護海難或乞雨之神。

因神佛習合，與自古就是金刀比羅宮祭神的大物主神（大國主命的和魂）[*1]結合為同一神祇。

神社導覽

金毘羅信仰總本宮為香川縣琴平町的金刀比羅宮，全國分社達六百八十三社。直轄境外末社（分社）為出雲分社（島根縣出雲市）、神戶分社（兵庫縣神戶市）、松山分社（愛媛縣松山市）、尾張分社（愛知縣一宮市）、鳥羽分社（三重縣鳥羽市）、東京分社（東京都文京區）等六社。

*1 可參考 p.30 註釋 *1。

香取大神

御神恩——武道精進、振興運動、競賽必勝、考試合格、除難等

正式名稱 經津主命

別稱 伊波比主命、齋主神、布都御魂神、香取神

神格 劍神、武神・軍神、農業神

鎮壓惡靈，帶來平穩與豐收的武神

經津主命是劍靈神格化後的神明，自古作為武神受到崇敬。現今則以提升體育選手技巧或祈禱必勝，及祈求各種考試合格等神德而深受歡迎。平常被暱稱為「香取大神」，祭祀在以關東地區為中心，分布全國的香取神社裡，並以總本社香取神宮（千葉縣香取市）的祭神聞名。

香取神本是常總地區（千葉縣北部、茨城縣南部）自古信仰中的土著神（開拓神）。在《常陸國風土記》中關於信太郡[*1]記載著，「天地創始之初，自稱普都大神的神明降臨，行走日本各地，鎮壓在山河作亂的神明。」這位平定土地惡靈，帶來安穩及豐收的神靈，正是經津主命的原型。

靈劍布都御魂的破邪靈力

於《古事記》登場的經津主命，和鹿島神武甕槌命相同，都是依宿在靈劍・布都御魂上的神靈。這把靈劍，正是素盞嗚尊擊退八岐大蛇時揮舞的十握劍，因此具有防治邪靈的靈力。

「布都御魂」指的是古代御靈振（鎮魂祭）儀式所使用的祭具，也被使用在宮廷祭祀的鎮魂儀禮上。負責這項儀式的物部氏，之後成為中臣氏。

神社導覽

以香取神宮（千葉縣香取市）作為總本社的香取信仰神社，在全國分布共約兩千五百社。普遍被認為是能夠保佑振興運動、家內平安、產業（農商工業）興隆等的生活守護神，以這類神德為中心受到崇敬。另外，因為也是奈良春日大社四所明神之一，同時被祭祀在春日信仰的神社裡。

*1 常陸國範圍約在現日本茨城縣，信太郡為該行政單位管轄的區域。

多賀大神

御神恩 — 良緣、富有與幸福、勝運提升等發揮萬能的神德

正式名稱 伊邪那岐命・伊邪那美命

別稱 伊奘諾尊・伊奘冉尊

神格 最初夫婦神、夫妻圓滿之神、良緣神

世界最初夫婦神，是產下眾多神明的雙親

伊邪那岐命・伊邪那美命是神話中最初登場的夫婦神，因此被認為是夫妻婚姻的起源或婚姻神。另外，由於兩神協力，一起誕生了許多日本國土（產國），及生下無數自然神與文化神（產神），也被視為是堅定國土之神、生命祖神。

在《古事記》創世神話裡，神代七世（開闢天地時，最初出現的七代起源神）中，他們是最後出現的兩位神明，一開始在天浮橋上合力利用長矛攪拌海水，從矛尖滴落的水滴造出淤能碁呂島[*1]。兩神在島上結婚並住在宮殿中，開始誕生萬物精靈神明，世界因此變得極富生命力及變化多端。

伊勢大神是多賀大神之女

祭祀伊邪那岐命・伊邪那美命的滋賀縣多賀大社，自古被人們暱稱為「多賀大神」。

《古事記》中的「產神」一大事結束後，伊邪那岐命最終鎮座多賀地區。

江戶時代，多賀信仰擴展全國，民謠歌頌著「參拜伊勢大神也參拜多賀大神，因為伊勢大神是多賀大神之女」，參拜伊勢時連同參拜多賀的活動相當盛行。

神社導覽

以多賀大社（滋賀縣多賀町）為本源的全日本多賀系神社，達兩百三十三社（若包含境內社[*2]則為兩百九十社）。代表性神社有傳說為伊邪那岐命薨逝之地的伊奘諾神宮（兵庫縣淡路市），傳說為伊邪那美命之靈的花窟神社（三重縣熊野市）及筑波山神社（茨城縣筑波市）等。

*1 淤能碁呂島是在日本神話中，最初出現的島嶼（土地）。別稱「自凝島」，意為自然凝固成形的島嶼。

*2 境內社為鎮座神社中的其他神社。

「御神恩」祈雨・祈晴、守護農業、釀造、染色、料理飲食、浴場等業種

貴船大神

正式名稱 高龗神

別稱 闇淤加美神（闇龗神）、貴船神

神格 水神、乞雨神、農業神

與稻作深深關聯的日本代表性乞雨神

作為「貴船大神」廣泛受到崇敬的水之女神高龗神，自古帶有司管降雨止雨的龍神形象。神名中的「高」指高峰，「龗」意為降雨雪的龍神，別名「闇」則與深綠奧山中的溪流連結。這樣的女神，擁有蒐集天降雨水形成水源的山神基本性格。

水神中，有發揮守護力掌管飲料或生活用水的井神，灌溉用水神，漁業或水運業之神等各種系統，但強力的乞雨神高龗神，司掌與稻作深深關聯的雨水或河水，因其與水源及相關產業的關聯性，而產生多面性神德。

自火神之血誕生的水神

高龗神別名闇淤加美神，在《古事記》裡被視為同一神祇，但在神社裡經常被當作獨立個體共同祭祀。

這是由於另一方面，在《日本書紀》一書第六段，當伊邪那岐命斬下司火的迦具土神之首時，從四濺的血液中誕生闇淤加美神，在第七段則誕生了高龗神。所以神社才會將兩神視為水源神合祀信仰。

神社導覽

祭祀高龗神的神社，以京都貴船神社作本源的貴船系統為中心，名為貴船・意加美・意賀美・雄神・高龗等神社約三百社。其根據地貴船神社及奈良縣吉野郡丹生川上神社（上社：川上村，下社：下市町），自古即被朝廷視為祈雨・祈晴之神受到崇敬。

御神恩　守護漁業・農業・製鹽業、地區開發、海上安全、健康・長壽等

鹽釜大神

正式名稱　鹽土老翁神

別稱　鹽椎神、鹽筒老翁神、事勝國勝長狹神

神格　海神、鹽神、咒術・預言之神

登場於海幸彥・山幸彥神話中的掌管海路之神

鹽土老翁神，名中的「鹽」意為「潮（海）」，「土」則是靈能般的存在，併喻「潮汐之靈」。另外，「老翁」為富有經驗知識的長老，顯現出祂作為潮路之神（負責指引航海目標，加以導航之神）的個性。在知名的「海幸彥・山幸彥」神話中，當山幸彥（P.88）正在海邊悲嘆自己弄丟向兄長借來的釣鉤時，鹽土老翁神現身。

祂讓山幸彥搭上竹編小船出海，竹船自動順著潮流到達海神居住的海宮。結果，取回遺失釣鉤的山幸彥還獲得海神咒寶，確立自己在地表的王權，成為天照大神（皇祖神）的正統後繼者。

預言未知情報之力

教導山幸彥如何前往海宮的鹽土老翁神，除了作為引路神，也同時擔任起提供山幸彥解決煩惱的情報指引者。

在「神武東征」的神話裡，傳說居住九州的神日本磐余彥命（神武天皇），在尋找適合統治國家的場所時，鹽土老翁神告知「東方有美麗國度」，提供了關於未知國度（場所）的預言情報，讓神武天皇決意進軍大和。

神社導覽

祭祀鹽土老翁神的神社根據地，為宮城縣鹽釜市的鹽竈神社。社傳描述，鹽土老翁神幫助武甕槌命（鹿島神）及經津主命（香取神）引路平定諸國後，停留在鹽竈地區，教導人民漁業與製鹽法，自古就一直被信仰為東北開發之神。

御神恩｜五穀豐收、富有與幸福、勝運提升等發揮萬能的神德

賀茂（加茂）大神

正式名稱 賀茂別雷神

別稱 賀茂大神

神格 雷神、水神、治水神、農業神

丹塗箭傳說中的雷神，是孕育農作的雨及治水神

賀茂別雷神之父為山神大山咋神，母親為玉依姬命，其基本性格為雷神，也是司管與農業息息相關的雨水及治水神。神名中的「雷」為「神鳴」，「別雷」則代表充滿年輕朝氣能量的雷神。

《山城國風土記》中的丹塗箭逸事，描述賀茂建角身神之女玉依姬命（兩者皆為京都・賀茂御祖神社祭神）於賀茂川戲水時，從上流漂來一支美麗的丹塗箭（大山咋神的化身）。

玉依姬命將箭拾回家中，裝飾在寢室後突懷身孕，後產下一男（雷神）。自古，雷神也被認作是司水龍神，因此賀茂別雷神還能發揮乞雨與治水靈力，促進農作物生長。

作為平安京鎮護神而擴展靈威

記載賀茂祭（葵祭）[*1]起源的《山城國風土記》逸事裡，欽明天皇時代，持續發生天候不佳及歉收的情況，擔憂的天皇請神官占卜，發現是賀茂大神的神罰後便重禮祭祀，隨之氣候回復，五穀豐收。

於是，賀茂神作為農業、產業開發的守護神受到崇敬。在桓武天皇遷都平安京時，也將賀茂神視為平安京守護神並深受朝廷敬仰，靈威愈加強大。

神社導覽

提到京都賀茂社，自古就通指賀茂別雷神社（上賀茂神社・京都市北區）以及賀茂御祖神社（下鴨神社・京都市左京區）。講到山城國一之宮，也是將這兩社視為一社。從賀茂別雷神社分靈的賀茂（加茂・鴨）神社擴展全國，系統中有雷神社或雷電神社等。

*1 現已主稱「葵祭」的賀茂祭，為京都三大祭之一。於每年 5 月 15 日舉行。起源自欽明天皇時代，自古便為朝廷重要祭禮。

三島大神

御神恩｜豐漁、富有與幸福、勝運提升等發揮萬能的神德

正式名稱 大山祇神

別稱 和多志大神、大山津見神、大山積神、酒解神

神格 山神、海神、造酒神

是山神總帥也是強力海神

傳說大山祇神是日本山神總帥的強大神祇，兩位女兒分別為姊姊磐長姬命（岩神・長壽神），與妹妹木花開耶姬命（富士山神、淺間信仰祭神）。另外，大山祇神別名和多志大神，和多為海神的「海」，志為「司管」，因此代表祂也是支配海洋的偉大神明。

換言之，這位神祇同時掌管山與海，自古便發揮著與兩者相關的靈威。以此神為祭神的三島信仰，大致為兩種系統。一是以愛媛縣今治市大山祇神社為總本社的系統，另一則是將靜岡縣三島市三嶋大社視為本源，也就是「三嶋」信仰的神社。二系統分社在全日本合計超過一萬社。

作為武家守護神擴大靈威

身為山神總帥，大山祇神的神德遍及與山水相關的各種產業。

同時此神的靈威之所以能夠滲透全國，是基於海神信仰。大山祇神社鎮座的大三島區域[*1]中的藝予海峽，是瀨戶內海水運交通的要衝，自古便受朝廷、將軍家、有力大名[*2]、瀨戶內水軍的深厚崇拜。此神還具備勝運提升、達成勝負等神威。

神社導覽

「三嶋大神」本源的三嶋大社，與大山祇神共同祭祀著被視為惠比壽神的事代主神，總稱三嶋大明神。大山祇神也稱酒解神，被祭祀在梅宮大社（京都市右京區），作為造酒業守護神，受全國造酒業者信仰。

*1 大三島為愛媛縣今治市藝予諸島中的島嶼。
*2 大名為日本古代地區領主的稱呼。

大鳥大神

御神恩｜五穀豐收、生意興隆、出人頭地、富有與幸福、除災、考試合格等

正式名稱 日本武尊

別稱 倭建命

神格 武神、農業神

神話英雄般的戰士，也是稻作豐收守護神

日本武尊在日本神話中是英雄般的戰士、武神，但在神社裡主要是以其穀靈性格為主，發揮稻神、豐收神的靈威，被視為農業神祭祀。

神話中，祂是第十二代景行天皇皇子，本名為小碓命，之後因武勇被稱為日本武尊。在《古事記》中名為倭建命，在《日本書紀》則寫作日本武尊，但後者較被普遍作為神社祭神名。日本武尊的英雄傳說，在日本神話中特別受到人們喜愛。

普為人知的是祂身為戰士四處奔走，平定各處土地神或土豪，而立下極大功績的勇者之姿，不過祂最後卻面臨了悲劇般的死亡，有名的薨逝逸事讓祂與稻神（穀靈）信仰深深結合。

化為白鳥飛來的稻靈傳說

日本武尊在歸返大和途中，受伊吹山神毒氣侵蝕，後雖抵達伊勢能褒野（三重縣龜山市），卻抱著懷念故鄉大和的心思死去。死後，日本武尊之魂化為白鳥，往大和飛去。

人們在白鳥飛來後的停留處建立社祠，將其視為稻作守護神祭祀。據傳此處正為大阪府堺市的大鳥神社。日本各地都有類似白鳥飛來的傳說，並祭祀著大鳥神社或白鳥神社。

神社導覽

將日本武尊視為稻作守護神祭祀的神社，有東京鷲神社（台東區）、大鷲神社（足立區）、大鳥神社（目黑區）等，它們並以每年十一月酉之日舉行祈求開運・生意興隆的酉市祭典而聞名。另外，與日本武尊白鳥傳說具相關淵源的白鳥神社則自北海道遍及九州。

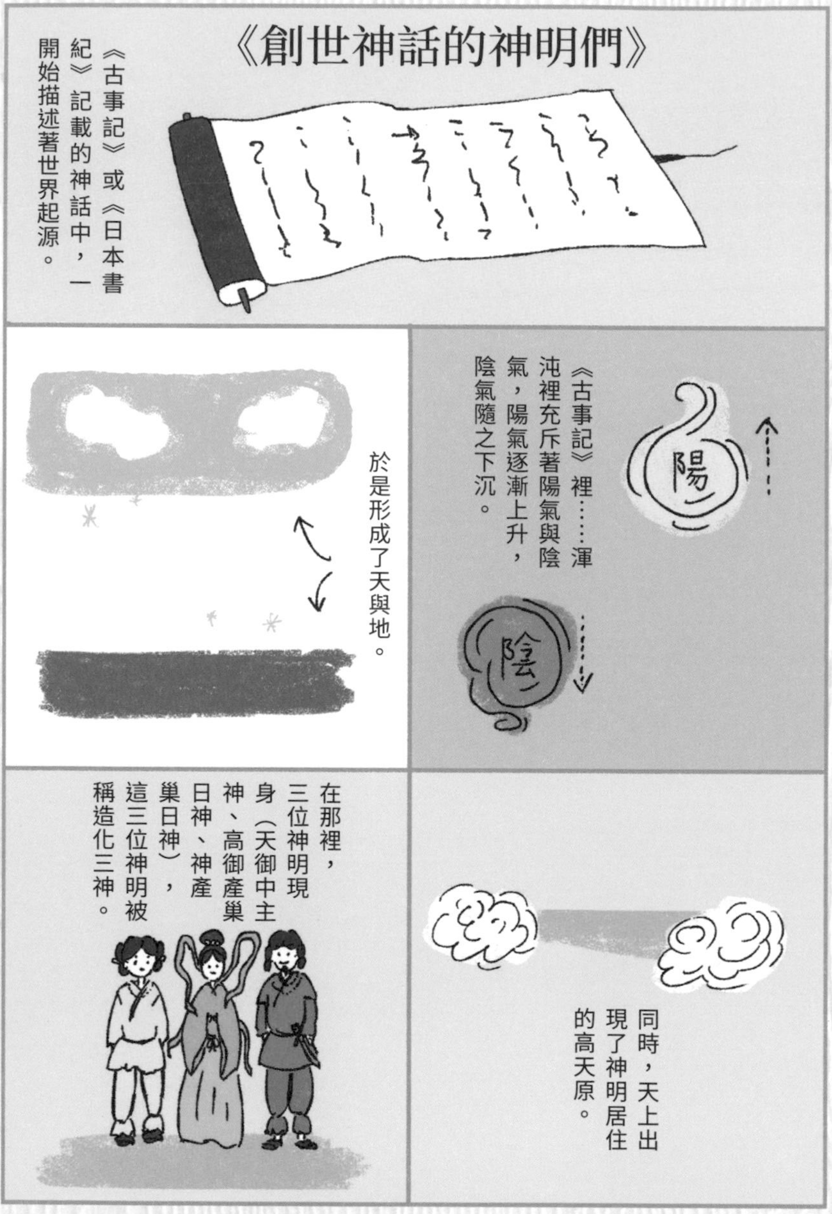
《創世神話的神明們》
《古事記》或《日本書紀》記載的神話中，一開始描述著世界起源。
陽
陰
《古事記》裡……渾沌裡充斥著陽氣與陰氣，陽氣逐漸上升，陰氣隨之下沉。
於是形成了天與地。
同時，天上出現了神明居住的高天原。
在那裡，三位神明現身（天御中主神、高御產巢日神、神產巢日神），這三位神明被稱造化三神。

接著，在尚未凝固的國土泥水中，彷彿長出蘆葦新芽般，出現了天常
立神（象徵天空）與國常立神（象徵大地）。
之後，又陸續出現象徵生命及孕育土地植物的神明
們（男女一對，共計五對十神）。
這些神明建立了國土基盤，
整頓土壤使世界得以發展。
最後，
伊邪那岐命・伊邪那美命夫妻登場。

接下來介紹這五位神祇。

天御中主神

「天御中主神」意為天上地位最為崇高的神明，被認為具備神聖創造力及全知全能的力量。這位「天上中心至高神」的個性在室町時代後，與視北極星為最高神崇拜的妙見信仰*1結合，成為祭祀在日蓮宗寺院或妙見社、妙見宮的妙見菩薩、妙見大神。百姓相信祂能夠治癒眼疾，也是延年益壽、無病息災的守護神。祭祀此神的代表性神社為水天宮（東京都中央區），特別以祈禱安產授子而受到歡迎。

高御產巢日神

高御產巢日神也可寫作高御產靈神。「產靈」意為生產或生成靈力，換句話說，此神是存在於世間的「誕生事物的能量（誕生力）」神格化後的神明。自古就作為宮中八神殿*2的代表性皇室守護神而備受重視。在感謝豐收的秋季新嘗祭，與祈求豐收的春季祈年祭時被祭祀。相對於此神的男性性格，神產巢日神則被視為女性，一同被祭祀在神社裡。

神產巢日神

神產巢日神也可寫作神產靈神，與高御產巢日神相同，是生成萬物靈妙神力神格化後的神明，深深具備著大地母神的性格形象。所謂大地母神，意指給予大地孕育穀物能量的母神，在《古事記》的穀物起源神話中，從食物神大宜都比賣神（P.102）的屍體生出的五穀，正是由此神將其變化成農作種子。

天常立神・國常立神

天常立神象徵「天（高天原）」持續永存不變的神祇，而國常立神名中的「國」則代表相對於天空的大地。「常」意為基礎＝基底，被解釋為永久不變或堅固的底盤，也正是象徵著孕育生命的國土（大地）之永恆。以神道教為體系信仰的吉田神道（由吉田兼俱創建）等流派的神道教中，國常立神也被稱為太元、元始、元神等，被視為日本神明世界核心位置的宇宙起源神。

*1 妙見信仰是結合印度菩薩信仰與中國道教的北極星信仰後，傳入日本的信仰之一。
*2 八神殿為祭祀八位守護天皇神祇的神殿。在明治時期因合祀天地神祇，而改名為「神殿」。

能夠遇見神明的代表性神社

伊勢神宮（三重縣伊勢市）

雖被稱呼為「伊勢大神」，其正式名稱為「伊勢神宮」。以祭祀天照大神的皇大神宮（內宮），與祭祀豐受大神（P.100）的豐受大神宮（外宮）兩神社組成。根據內宮的鎮座傳承紀錄，第十一代垂仁天皇將天照大神從大和遷移至伊勢，讓其鎮座五十鈴川河畔。

由於祭祀作為皇祖神的天照大神，自古特別受到朝廷崇敬，室町時代後，祭拜「伊勢大神」的伊勢信仰開始流傳百姓之間。現在，自內宮·外宮勸請分靈的伊勢信仰神社，如神明神社、皇大神社或天祖神社等，在日本全國約一萬八千社。最盛大的神事，是天武天皇在世時所訂定，每二十年舉行一次的式年遷宮[*1]。另外，該神社的御符被稱為神宮大麻，日本全國家庭皆經由當地神社（地主神）授領。

出雲大社（島根縣出雲市）

出雲大社的正式念法為「いずもおおやしろ」（Izumo Ōyashiro），但一般而言，「いずもたいしゃ」（Izumo Taisha）的稱呼較為人知。出雲大社作為祭祀深受喜愛的結緣之神──大國主命的總本社，創建時期可溯及神代，為日本最古老的神社之一，其社格與伊勢神宮並列，深受禮讚。

自古該社被認為是大國主命隱居並治理「幽玄神事（締結無形緣份）世界」之處，而此事的象徵，正是農曆十月傳承在出雲地區的神在月。一年一度的這個月份，全國神明聚集出雲，舉行討論協議男女結緣等各種緣份的「神議」，因此相反的，其他地區的這個月份被稱為神無月。出雲大社於每年十一月舉行「神在祭」，祭典中還有特別為男女締結姻緣的「結緣大祭」。

*1 式年遷宮意為定期性遷宮，原則上為每 20 年舉行一次。

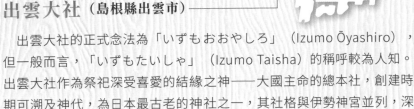

八坂神社（京都市東山區）

八坂神社祭祀素盞嗚尊（與牛頭天王被視為同一神明），為全國約兩千九百社的八坂神社（彌榮神社、祇園社、天王社等）總本社。據傳創建於齊明天皇二年（西元六五六年），因祭神牛頭天王之名號，當時又稱祇園社、祇園感神院。

平安時代初期，貞觀五年（西元八六三年），在京都神泉苑舉行祈求疫病退散的御靈會時，祇園神明發揮了強大神威，於是受到朝廷崇敬，祇園信仰也遍布全國。以這場祇園御靈會為起源的日本三大祭之一——祇園祭，其焦點是華麗的三十三座山鉾巡行。另外，「白朮參拜」是參拜者在除夕夜至元旦舉行的「白朮祭」，以吉兆繩取得分發的淨火後帶回家中，烹煮在元旦時品嘗的雜煮，祈求無病息災的新年活動。

諏訪大社（長野縣諏訪市・茅野市・下諏訪町）

諏訪大社為全國多約一萬多分社的諏訪信仰總本社。祭神是大國主命的兒子，登場於讓國神話中的武神建御名方神（諏訪神）。中世後，被視為武神、軍神而被廣泛崇敬信仰。隔著諏訪湖，由鎮座在南方的上社本宮（諏訪市）與前宮（茅野市），鎮座在北方的下社春宮及秋宮（下諏訪町）共四宮構成。獨立形式的四宮組成一社的祭祀型態十分獨特，但各宮都僅有幣殿及拜殿而沒有本殿，是日本傳承古代祭祀型態最古神社的其中一大特徵。

最大祭禮，是被稱為日本三大奇祭之一的御柱祭（七年一次的式年營造御柱大祭），一說是此時建立於社殿四角的御柱替代了本殿。

宇佐神宮（大分縣宇佐市）

宇佐神宮是以「八幡大神」而廣為人知的全國八幡宮總本宮，祭神為應神天皇（八幡大神）、比賣大神（宗像三女神＝多岐津姫命、市杵嶋姫命、多紀理姫命）、神功皇后（P.122）。京都石清水八幡宮是從該神宮勸請神靈，同時鎌倉鶴岡八幡宮又從石清水勸請，因而成為八幡信仰普及的根據地。

宇佐神宮是知名的神佛習合發祥地，早期就被以佛教菩薩名號稱為八幡大菩薩。另外，也將神社和神宮寺結合，形成相當獨特的祭祀型態根源。在八世紀的佛教興盛期，八幡神特別受到朝廷崇敬的因素，於天平勝寶元年（西元七四九年），當聖武天皇建立東大寺大佛時，將八幡神靈勸請至奈良（東大寺守護神的手向山八幡宮），守護著建造事業的順利完成。

第三章

守護生意興隆・福德圓滿・安產生子的神明

御神恩　農林漁業、木材・建築業、守護造船、治癒疾病、除厄等

五十猛命

別稱　大屋毘古神、射楯神

神格　山神、樹種神、木材祖神

讓日本國土生長出鬱鬱葱葱的樹木

五十猛命是讓日本國土上綿延不絕的山岳中生長出茂盛樹木的植樹神、木神，因此成為木材業或建築業、造船業的守護神而受崇敬。神話中，五十猛命是素盞嗚尊之子，在《日本書紀》中有著這麼一段故事。

與被逐出高天原的父神一同，從天降臨朝鮮半島的新羅國時，五十猛命身上帶著許多樹種。和素盞嗚尊一起渡往日本後，祂將這些樹種種植在日本國土上，於是山岳青綠，樹木盎然。別名大屋毘古神意指家屋神、屋頂神，充分表現出祂孕育了日本傳統木造建築文化的神明性格。另外，射楯神則表示祂司管著蒼翠樹木的個性。

身為日本木材文化的源流

五十猛命的原形，是茂盛生長於日本山中的樹木精靈。由於祂種植樹木，進而產生木材，因此可稱祂是日本傳統木材文化源流之神。

傳說五十猛命結束巡迴全國植林事業後，居住在紀伊國（和歌山縣）。與祂同時進行植樹事業的妹神大屋津姫命與抓津姫命，也作為木材神被一同祭祀在神社中。

神社導覽

祭祀五十猛命的代表神社，有守護日本知名木材生產地的木材祖神——紀伊國一之宮的伊太祁曽神社（和歌山市），在日本全國共有四十四間分社的來宮神社（靜岡縣熱海市），以象徵智慧的瑞鳥長耳鴞作為神使的射楯兵主神社（兵庫縣姫路市）等。

事代主神

御神恩｜海船與守護航海、豐漁、生意興隆、富有與幸福、開運等

別稱　八重事代主神、積羽八重事代主神

神格　海神、漁業神、神諭神、福神

神格化後的傳達神明意志的靈能力者

事代主神本來被認為具有神諭神（言靈）的性格，但在神話中為海神，於是一般而言被視為海上安全神、漁業神、商業神、市場神等深受民間信仰。同時，祂也被認為與七福神之一的福神惠比壽神為同一神明，因此有時也會被祭祀在「惠比壽神社」當中。

神名中的「事」為神明話語的「言」，「代」則為代理。換句話說，事代就是將代為傳達神諭而被依坐（被神靈附身的靈能力者）的功能神格化。另也有一說為「事代」本是種職稱，據傳為古代請神降臨進行神諭的專門職業（神官或巫女）稱號。所謂神諭，就是利用言靈力量表達神明意志。

自常世國來訪的豐收神

事代主神為大國主命的長子，在讓國神話中，代替了父神決定交出國土支配權。

之後，事代主神一邊進行天逆手之咒（獨特的拍手方式），並將搭乘的船隻變化成海裡的青柴牆後隱身而去。這件事被解釋為事代主神與海洋彼方的常世國[*1]連結，並成為與自古民間信仰惠比壽神（來訪神、豐收神）之間的關聯。

神社導覽

以島根縣松江市美保神社為總本社的事代主神系統「惠比壽神社」，在全國數量為三千三百八十五社。其他代表神社，還有一月舉行「十日戎」[*2]，而聚集數百萬人參拜的商業都市大阪的知名守護神今宮戎神社（大阪市浪速區），及以良緣開運聞名的今宮神社（京都市北區）等。

*1 日本古代相信，海洋彼端有處常世國，有人認為那裡是不老不死之地，也有人認為那裡是黃泉國。但大多還是具有理想國度的形象。

*2 大阪今宮戎神社於每年 1 月 9 日、10 日與 11 日舉行的祭典。祭典中分發吉祥物竹葉的福娘女孩，往往是祭典中最矚目的焦點。

御神恩—五穀豐收、富有與幸福、勝運提升等發揮萬能的神德

彥火火出見命

別稱 天津日高日子穗穗手見命、彥火火出見命、火遠理命、山幸彥

神格 山神、穀靈神、稻穗神、農業神、漁業神

象徵結實纍纍而低垂的稻穗模樣

彥火火出見命的父親是天孫降臨神話主角瓊瓊杵尊（P.106），母親則為木花開耶姬命。是誕生於烈火裡的三子之么弟，幼名為火遠理命。普遍以海幸彥・山幸彥神話的故事主角山幸彥而廣受人知。

另外，此神之孫為初代天皇神武帝，因此在神統譜中也被列名為皇室祖先神。幼名「火遠理」，意指熊熊燃燒的火焰殆盡，也象徵著稻穗結實低垂的模樣。另外，「火火出見」又意為如狂燃烈焰般茂盛生長的稻穗（火）姿態，充分表現出此神身為稻穗神（穀靈）的基本性格。於是祂最主要的神恩為農業守護神。

司管海山兩方恩惠

海幸彥・山幸彥神話，是描述山幸彥遺失兄長海幸彥的釣鉤後，為了尋找釣鉤而探訪海神宮的故事。

山幸彥與海神之女豐玉姬命結婚後，藉海神相助尋回釣鉤，還得到海神靈力的寶物潮滿玉及潮乾玉。回到地表後，祂與兄長對決使其降服，獲得了海洋及陸地的支配權。因此彥火火出見命被視為司管海山兩方恩惠的神祇。

神社導覽

彥火火出見命同時以農業神與漁業神兩種性格為主，在神社受到信仰。代表性神社為鎮座在彥火火出見命居住的高千穗宮跡傳承地，大隅國一之宮的鹿兒島神宮（鹿兒島縣霧島市），及鎮座在箱根蘆之湖畔的箱根神社（神奈川縣箱根町）等。

御神恩──授子・安產、豐收・豐漁、生意興隆、開運・方位吉凶等

玉依姬命

別稱 玉依毘賣命、玉依日賣命、玉埼（玉前）神

神格 海神、水神、聖母神

經由神婚產下神子的美麗少女

神名「玉依」為「靈憑」，意指「神靈憑依」。日本民俗學家柳田國男解釋，在日本各地常見同名號的女神，因此「玉依」一詞泛指神靈憑依的少女（祀奉神明的巫女）。

也就是說，不同於木花開耶姬命等固有名詞，「玉依」是象徵身負古代祭神重要任務的少女（巫女）功能的普遍稱號。

另外，「玉依」女性會被神明選擇成為妻子，經由神婚，以處子之身懷上神子，強烈反映著女性的生殖力。自古以來，此類擁有巫女般靈力的女性被稱為「玉依姬命」，作為豐收與子孫繁榮的守護神深受信仰。

與生命泉源之水的深切關聯

神話傳承之中，有三位知名的玉依姬命。分別是產下神武天皇的海神之女，三輪山傳說的神婚少女[*1]，及登場於賀茂社緣起丹塗箭傳說中的少女。

無論何者，皆與海神或龍神（水神）具有深切關聯，祭祀祂們的神社也都和海洋或河川相關。海洋或水源是豐收或生命的泉源，藉神婚產下神子的行為，也被聯想成是結合太陽與水源能量，進而促進五穀豐收。

神社導覽

玉依姬命與藉由神婚產下的御子神，同時也形成聯合祭祀的母子信仰對象。主要神社為賀茂御祖神社（下鴨神社，京都市左京區）或各地賀茂（加茂）神社，上總國一之宮的玉前神社（千葉縣一宮町）等。另有一說玉依姬命為八幡神妃子，因此也被祭祀在八幡系神社中。

*1 產下神武天皇的玉依姬命，為本篇介紹之女神。三輪山傳說的神婚少女，則是與大物主大神相戀的活玉依姬。

罔象女神

御神恩——祈雨・止雨、治水、製紙業守護、生意興隆、授子・安產等

別稱　水波能女神、彌都波能賣神

神格　水神、井神、祈雨神、抄紙神

掌管水源所有相關事物的清麗女神

罔象女神是掌管水源一切相關事物的水利神、治水神、水道・井神。在所有水神中，特別具有清麗女神的深刻形象。

《古事記》裡，伊邪那美命產下司掌火焰的迦具土神時燒傷陰部，因病痛漏出的尿液，化身出罔象女神。神名「罔象」意指「水流」「水延」，可聯想成如蛇般蜿蜒流動的河川。另外，自古尿液就被當作有機肥料，而這位女神正是從尿液誕生的緣故，可說原本就具備了孕育農作物的水源靈力特質。罔象女神也被視為民間信仰中的井神，還以授子・安產之神受到信仰。

教導村人抄紙方法的水神

罔象女神也作為抄紙守護神深受信奉。

根據福井縣越前市岡太神社的社傳，過去此處曾出現一位化身為美麗少女樣貌的水神，利用清水教導抄紙方法。當村人向神明詢問名號時，祂回答「我是住在河川上流的罔象女神」後便消失無影。利用抄紙技術製作的和紙，之後成為越前和紙廣為人知。

神社導覽

祭祀罔象女神的代表神社以丹生川上神社中社（奈良縣東吉野村）最為知名。該社同時因祈雨神深受朝廷崇敬。平安時代，為天皇派遣欽差前往祭拜的敕使社「二十二社」之一。也普遍作為農業守護神，多被祭祀在神社的攝社或末社裡。

御神恩——風調雨順、五穀豐收、豐漁、航空守護、治癒疾病等

天御柱命・國御柱命

別稱 志那都比古（級長津彥）神、志那都比賣（級長津姬）神、級長戶邊命

神格 風神

由魔風轉變成守護豐收的龍田風神

天御柱命・國御柱命為風神，提到風神，一般人或許大多會想起俵屋宗達[*1]所繪製的知名〈風神雷神圖〉中，背負風袋的鬼神姿態。在古時就受朝廷重視的龍田大社（奈良縣三鄉町），天御柱命・國御柱命的靈威以「龍田風神」之稱廣為人知。

根據《延喜式》[*2]中的「龍田風神祭」祝詞，龍田風神現身於崇神天皇時期後，歷經洪災造成連年歉收。為知其神真身而占卜後的當晚，出現在天皇夢中的神明自稱天御柱命・國御柱命，並要求天皇為除歉收災厄，需建造龍田宮並深厚祭拜。名號的「柱」，可聯想為強大的龍捲風力。

*1 俵屋宗達為江戶時代初期畫家，為「琳派」創始者。

日本各地可見的消除魔風或祭風信仰

雖然風為神明乘坐物，但乘坐而來的未必僅為善神，有時邪神也會操弄惡風、魔風，威脅人類生活或性命。在日本各地舉行的消除魔風或祭風信仰，正是安撫帶來災難的神明，並慎重祭拜的儀式。

藉此，使農作得以豐收，漁船順利航海並捕獲大量漁貨，疫病消除，也盡可能不讓颱風等造成巨大災害。

神社導覽

龍田大社的「風鎮祭」[*3]（每年七月的第一週日），起源於天武天皇四年（西元六七五年），是頗具歷史淵源的祭典。其他祭祀風神的神社，還有舉行在御神樹上立旗以占卜農作吉凶的特殊神事聞名的綾部神社（佐賀縣三養基町），與伊勢神宮內宮的風日祈宮和外宮的風宮等。

*2《延喜式》為平安時代由天皇下令編撰的律法條文。除詳細制訂了官職制度及禮儀文化，還包含了祭祀祝禱咒詞。

*3 風鎮祭，又作風鎮大祭，是龍田大社整年度中最重要的祭典。不但有舞蹈及武術等表演，還會噴射強力的風神花火，頗為壯觀。

神社裡有什麼設施

神社中，以本殿・拜殿為首，依佔地規模，還有神池、神橋、神樂殿、舞殿等各式各樣的設施。

重要核心為祀奉祭神御神體的本殿。以傳統建築樣式建造的本殿，可說是兼具了神聖、清淨及華美的神明居所。而一般進行參拜的建築物，是設置在本殿前方的拜殿。依據各神社建築樣式的不同，有時也會將本殿與拜殿結合成幣殿（放置祀奉神明的供品場所）。

而傳承古代祭祀型態的神社，則無設置本殿，是從拜殿遙拜神體山[1]。因此同樣的，一般的神社大多都無法近距離接近本殿，皆採從稍為分離的拜殿祭拜的形式。

*1 神道教中，神體為神靈寄宿的事物，無論山水木石，神體形式包羅萬象。其中，以山岳為神體祭拜的，便為神體山。

第四章

守護五穀豐收・富有幸福・財運的神明

月讀命

御神恩｜農業、漁業守護、產業繁榮、家族平安、達成各項願望等

別稱 月夜見命

神格 月神、農業神、海神、曆神、占卜神

依月亮圓缺曆法進行農業事務

月讀命是曆神、占卜神、農業或漁業神，同時也是生命再生力之神。神話中，月讀命是伊邪那岐命從黃泉國歸返此世後，在海中淨身時，與姊神天照大神及弟神素盞嗚尊一同誕生的三貴子之一。祂被父神命令「統治闇夜之世」。名號中的「月讀」指的是計算月亮圓缺，因此與讀取曆法相關。

古代農民計數著月亮繞行，作為耕田或播種時期等農業事務的依據。而月讀命之所以與農業具深切關聯，是因為在穀物起源神話中，被月讀命砍殺的保食神（P.102）（食物神）屍體裡，誕生了作為人類主要食糧的五穀，天照大神將其化為農作物的種子，是相當知名的故事。

月亮象徵生命死亡與再生

月讀命還與生命泉源之水或不老不死的生命力息息相關。古時認為死亡起源於月缺，圓缺便被視為生死之反覆。

因此月亮與代表生命泉源之水結合，衍生為不老不死或回復青春的「回春之水」信仰。

在新年或立春早晨進行的「汲取若水」活動[*1]，被認為能夠獲得靈魂的新鮮活力。

神社導覽

「判讀月亮」也與占卜吉凶相關。古代曾有觀測月亮占卜農事吉凶的專門靈能力者。傳說京都市西京區松尾大社的攝社月讀神社，就祭祀過這類靈能力者。其他主要神社，還有出羽三山月山神社（山形縣羽黑町）與伊勢神宮內宮・月讀荒御魂宮（三重縣伊勢市）。

*1 汲取若水原為宮廷習俗，後傳播至民間，成為新年元旦的民俗習慣。利用新年度汲取的第一掬水，可袪除邪氣，獲得新生能量。

豐受大神

御神恩｜農業、漁業、衣食住守護、富有與幸福、除厄等

別稱 豐宇氣毘賣神、豐受比賣神

神格 食物神、穀靈神

負責處理天照大神的食物而前往伊勢

豐受大神為食物神。在神話裡，是象徵促進農作物（穀靈）生長靈力的和久產巢日神[*1]之女。名中的豐為「豐裕」美稱，受則意為「食」。換句話說，祂是具有穀靈基本性質的食物神，也因這項共通點，有時與宇迦之御魂神（稻荷神、穀靈神）、若宇加能賣神[*2]（穀靈神）或保食神（食物起源神）等食物神被視為同一神格。

由於擔任御饌神被祭祀在伊勢神宮外宮（豐受大神宮），使得這位女神聲名遠播。所謂「御饌」，特指為了鎮座伊勢神宮內宮（皇大神宮）的天照大神獻上食物，完成處理餐點的任務，進而成為掌管眾生糧食的五穀之神。

*1 和久產巢日神與罔象女神，是一同從伊邪那美命因病痛漏出的尿液中，誕生的神明。

繼承天女傳說的穀物女神

根據伊勢神宮外宮社傳《止由氣宮儀式帳》，天照大神出現在第二十一代雄略天皇夢中，下達神諭「請祂擔任御饌神至我身旁」，天皇便從丹波國（京都府中部與兵庫縣東部）奉請豐受大神前往伊勢接受祭拜。

豐受大神的原型，傳說為《丹波國風土記》逸事中，自古被農民信仰為穀物女神，而祭祀在奈具社的天女豐宇賀能賣命[*3]。

神社導覽

傳說天照大神與豐受大神，皆由位處京都府宮津市的籠神社遷座至伊勢，因此籠神社也被稱為元伊勢籠神社。豐受大神作為御饌神，被共同祀奉在各地祭拜天照大神的神明社、大神宮及以天祖為名的神社裡。

*2 若宇加能賣神一名雖未正式出現在《古事記》或《日本書紀》中，但在《延喜式》中為奈良縣廣瀨大社主祭神。而根據廣瀨大社的社傳中，又被認為與稻荷大神或豐受大神為同一神。
*3 原為因羽衣被隱藏而流落人間的天女，幫助老夫妻獲取很多家財卻又被逐出家門，後流落至奈具村，成為鎮守奈具神社的豐宇賀能賣命。

保食神

御神恩―農・漁・飲食業守護、安產、富有與幸福、除厄等

別稱 大宜都比賣神

神格 食物神、農業神、調理（料理）神

從食物神屍體誕生了五穀雜糧及山珍海味

作為食物神，保食神登場於《日本書紀》眾神誕生篇第十一之一書的五穀起源神話。神話中，月讀命受天照大神之命拜訪保食神時，前來迎接的保食神由口中向大地吐出米飯，往海洋吐出大小魚隻，對山岳吐出野獸，最後將這些物品堆滿餐桌款待。

但見此行為的月讀命卻激怒道：「居然要讓我吃嘴裡吐出的髒東西！」而將保食神砍殺。此舉惹怒天照大神發誓永不相見，於是產生晝夜隔離。事後天照大神派人前往探查，發現保食神屍體頭頂誕生牛馬，額頭出現粟米，眉毛化為蠶蟲，眼裡出現稗子，腹部則是稻米，陰部產生大豆及紅豆。天照大神得知之後大感喜悅並說：「這些是人們生存必要的食物。」並將它們化作農產品及養蠶的根源。

日本神話中的兩名食物起源神

《古事記》裡也有類似的食物起源神話，記載著素盞嗚尊殺害食物神大宜都比賣神的故事。祂的屍體頭部誕生蠶蟲，眼現稻種，耳出粟米，鼻為紅豆，陰部成麥，臀生大豆。由神產巢日神將這些作為種源。

這位大宜都比賣神的「宜都＝氣津」，與保食神的「保」同樣意為食物。這項共通點，使兩位神明被認作是同一神格。

神社導覽

除了食材，保食神還是司管調理新鮮食物的神祇，因此祂也可說是日本豐富多樣的飲食文化的守護神。由於保食神還具有食物或蠶蟲起源神的性質，因此主要為守護日本全國農業、漁業、狩獵、養蠶業等神社的祭神，有時也被祭祀在稻荷神社裡。

大年神

御神恩 五穀豐收、各產業繁榮、家族平安、惡運退散、夫妻圓滿等

別稱 大歲神、大歲御祖神、正月大神、年神、歲德神、惠方神

神格 穀靈神、農業神、豐收神

伴隨著新年到來，承諾五穀豐收之神

作為穀物神，大年神是司管五穀豐收的神祇。民間信仰裡，與同樣代表稻穗結實的年神或歲德神，被當作是同一神明。在《古事記》裡，素盞嗚尊和大山祇神（山神）之女神大市姬賣命（市場神）結婚後，生下大年神與宇迦之御魂神（稻荷神）。其名中的「年（歲）」並非指時間，而是春季祈求農作物豐收結實的祈年祭中的「年」，象徵具有令該年度豐收的神力。

在農家年度活動中，新年一月會設置年神棚來迎接年神。在日本各地有著歲德神、正月大神、惠方神等各式各樣的稱呼。據傳民眾相信迎接年神，能獲得生活或生產等相關的新興生命力。

也出現在童話裡的年神

童話《大年客》中描述在某個除夕夜，一位看來窮困潦倒的神秘客，向某戶貧窮人家懇求借宿一晚。貧窮人家親切地讓他借宿後，隔日早晨，在神秘客躺臥的草蓆上，留下了大量金錢，這戶人家從此擺脫貧窮，變得十分富裕。

這段故事成為年神由來，同時也與以神秘客姿態，自他世往返的神明（也就是從常世國來的豐收神）性質相同。

神社導覽

從氣派的神社到田野邊的小祠，大年神被當作「年神」深受崇敬，在日本各地被廣為祭祀著。代表性神社有大歲御祖神（靜岡市葵區・靜岡淺間神社境內），下谷神社（東京都台東區）以及阿多由太神社（岐阜縣高山市）等。

御神恩　五穀豐收、富有與幸福、勝運提升等發揮萬能的神德

瓊瓊杵尊

別稱　邇邇藝命、天邇岐志國邇岐志天津日高日子番能邇邇藝尊

神格　穀靈神、稻穗神、農業神

地表稻作的起源神，也是歷代天皇的祖先

瓊瓊杵尊身為天孫降臨神話中的主角而聞名，也是稻穗神（穀靈），主要被當作農業神、五穀豐收守護神祭祀。也有與其妻木花開耶姬命，一同成為結緣或夫妻圓滿的信仰。《古事記》中的本名為天邇岐志國邇岐志天津日高日子番能邇邇藝尊，在《日本書記》則寫作天津彥彥火瓊瓊杵尊。

在這麼長的名字中，「邇岐志」代表豐富之意的「饒」，「彥彥」則是稱呼祂為閃耀於高空中的太陽神子孫。而關於天孫降臨神話的主題，一是瓊瓊杵尊作為天照大神之孫，當上了地表統治者，也成為歷代天皇的祖先。另一則是祂從天上帶來稻種，演變為陸地稻作的起源。

由眾多神祇陪同，自高天原降臨地表

《日本書記》中，天孫瓊瓊杵尊還是剛出生的嬰兒，被包裹在真床覆衾（棉被）中降臨地表。出發時，天照大神授予了象徵繼承天位的三神器（鏡子、勾玉、劍），以及神聖的稻穗。於是，在各種職業的祖神陪同下，一起穿越重重雲層，降臨在日向高千穗山峰（九州），建立了宮殿並統治了陸地上的葦原中國[*1]。

神社導覽

自古以來，日本各地都有瓊瓊杵尊降臨的傳說地。各地風土記（常陸、伊豆、日向、薩摩等）中，也記載了數處天孫墓陵之地。代表性的傳承神社，為霧島山域高千穗峰麓的霧島神宮（鹿兒島縣霧島市），以及祭祀包含瓊瓊杵尊的日向三代子孫神祇與各妻神的高千穗神社（宮崎縣高千穗町）。

*1 葦原中國是介於高天原及黃泉國之間的世界，也就是人間界。

稻田姬命

御神恩｜結緣、夫妻圓滿、授子、安產、除厄等

別稱 櫛名田比賣命、奇稻田媛命

神格 稻田神、農業神

素盞嗚尊制伏八岐大蛇神話中的女主角

稻田姬命，別名奇稻田媛命。「奇（櫛）」是「奇妙之物（神秘之物）」的美稱，以「稻田」比喻，形容結實纍纍的美麗農田。如字面所述，美田意同稻作豐收。

作為素盞嗚尊制伏八岐大蛇神話中的女主角，這位女神自古就非常有名。神話中，她是居住在出雲國簸川（島根縣斐伊川）上游的足名槌、手名槌夫妻之么女。她的七位姊姊早被怪物八岐大蛇殺食，稻田姬命在千鈞一髮之際，被素盞嗚尊相救。

之後，祂成為素盞嗚尊的妻子，於出雲須賀地區建造新宮殿，並在當地生活。與素盞嗚尊之間生下了例如大國主命等眾多子孫。

祀奉田神的巫女之神格化

欲殺食稻田姬命的八岐大蛇，是由出雲的自然山谷化身而成的巨大蛇體，原本是山神、龍神（水神）。

同時具有威脅及恩惠兩面性格的自然神，被素盞嗚尊發揮了賜予人類恩惠般的神力控制（制伏）。

稻田姬命也被認為是古代出雲負責祭祀農耕的女性祭司（田神＝成為水神之妻的巫女）。

神社導覽

神社中，稻田姬命大多與夫神素盞嗚尊一同，或加上子神大國主命合併祭祀。代表性神社有制伏八岐大蛇時，位在稻田姬命隱身之處的八重垣神社（島根縣松江市），鎮座在新婚時建造宮殿之地的須佐神社（島根縣出雲市）等。

各種祈願法

江戶時代出版的《願懸重寶記》（文化十一年＝西元一八一四年發行）祈願導覽，是流行在江戶地區，詳細介紹神佛及祈願方法的導覽書籍，據說在當時相當受到歡迎。這類自古就舉行的祈求神明法，可說是能夠確實向神祇傳達願望的提案寶典。

自古流傳的祈願法，像是在同一間神社裡數次參拜的「百度參拜」，或前往多間神社參拜的「千社參拜」，還有控制飲食及舉止的「戒斷」等，都相當有名。繪馬*1、狛犬*2、燈籠、鳥居、草鞋、工作上使用的道具、小石頭等，也是一般常見的捐獻品項。另外，許願時，前往參拜能夠發揮與願望相關靈力的神社或神明，才能得到最佳效果。

*1 繪馬為神社授予信眾寫上願望並掛在神社裡的符牌，大多為木製平板狀，並繪有馬隻或與神社相關的事物。

*2 狛犬為神社寺廟入口處左右兩方的守護獸。雖大多為一對獅子，但也有如伏見稻荷大社以神使狐狸為守護獸的形式。

第五章

守護智慧・學問・出人頭地・開運的神明

猿田彥神

御神恩　惡運退散、除厄、健康長壽、結緣、安產、生意興隆等

別稱　猿田毘古神、佐田彥大神、精大明神、白髭大明神、道祖神

神格　道路神、引路神

鄰近身旁的道祖神，處理百姓生活煩惱

傳說猿田彥神也是天狗元祖，祂的特殊樣貌，使其成為日本神話中深受喜愛的神明之一。在天孫降臨神話裡，祂是幫助天孫瓊瓊杵尊隊伍指引前往地表的引路神，於是一般而言，被認為具有達成方向、方針、目的等神德靈力，更衍生成為在新屋落成、搬家遷移、旅行、就職、結婚時所仰賴的神祇。

同時也是道路神、旅途平安神的猿田彥神，自古被認為與民間信仰中的境界神或道祖神[*1]，或性神信仰的金精大神視為同一神明而廣受崇敬。有時也作為蹴鞠神，被當成棒球、高爾夫等球技類守護神祭祀在神社裡。

總之，這位神明的最大特徵，是與民俗神深深結合，對應百姓各種煩惱而發揮神力。

成為天狗元祖的魁偉樣貌

《日本書紀》中，描述了出現於天之八衢（天上的岔路）的猿田彥神的魁偉姿態。

鼻長七咫（約一百二十公分），背寬七尺（約兩百公分），身高為七尋七咫（約十二公尺），口臀射出明亮光輝，圓目大如八咫鏡，閃耀著酸漿果般的赤紅光芒。

由於這段前往迎接天孫的神話故事，猿田彥神也被稱為岔路神。

神社導覽

日本全國約有兩千多間神社祭祀著猿田彥神。總本社為伊勢國一之宮的椿大神社（三重縣鈴鹿市）。其他還有猿田彥神社（三重縣伊勢市），金精信仰根源的卷堀神社（岩手縣盛岡市），及全國白鬚神社根源的白鬚神社（滋賀縣高島市）等。同時作為交通安全神，被祭祀在日本警視廳裡。

*1 境界神或道祖神，通常都是安置在村落的出入口處，以阻擋外來災厄，並保護境內平安。

少彥名命

御神恩｜守護醫藥業　溫泉業　造酒業，疾病痊癒、安產、授子等

別稱 少名毘古那神

神格 穀靈神、醫藥神、溫泉神、造酒神

與中國藥祖神合體，成為強大醫藥神

雖然少彥名命的基本性質為穀物神，但在神話中，當祂幫助大國主命建國時，傳播了與醫療相關的溫泉及酒飲效能等知識，於是一般主要被視為醫藥、溫泉、造酒守護神，廣受信仰。

聚集藥物量販商家的大阪市中央區道修町一角，少彥名命與中國藥祖神的神農神一起被祭祀在少彥名神社裡，深受全日本製藥公司或藥局等醫藥界相關業者崇敬。

相較之下，少彥名命與農業神結合的時期較晚。江戶時代，被祭祀在幕府御藥園（藥草園）的神農神信仰傳至民間藥草販售商之間，才和自古被視為日本醫藥神的少彥名命信仰結合。

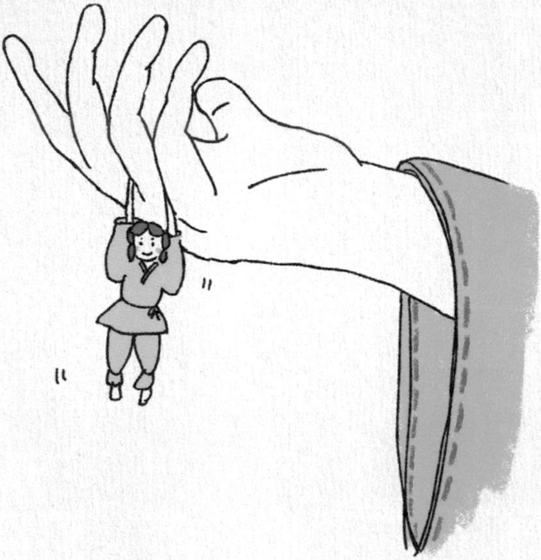

自常世國而來的穀靈

少彥名命其實也是《御伽草子》[*1]中的一寸法師等「矮小人物」根源，自古深受大眾喜愛。

神話裡，身穿蛾皮的少彥名命搭乘天乃羅摩船（蘿藦殼製成的船隻），出現在大國主命面前。祂被母神神產巢日神命令「與大國主命結為兄弟一同建國」，於是前來協助大國主命。之後，被淡島（粟島）的小米莖彈飛，而歸回常世國。

神社導覽

少彥名命是守護女性神，特別以身為恢復女性疾病守護神「淡嶋大神」的總本社淡嶋神社祭神而知名。以該神社為中心，勸請分靈的淡島・粟島・淡路神社等，在全國共約一千多社。其他還有酒列磯前神社（茨城縣常陸那珂市），湯神社（愛媛縣松山市）等。

*1《御伽草子》是室町時代至江戶時代初期流行的大眾文學。愛情故事，魑魅魍魎，異國世界，題材內容千變萬化。

御神恩──學問進步、考試合格、木工或建築技術精進、出人頭地等

八意思兼神

別稱　思金神、天八意思兼命

神格　智慧神、學問神

神格化後的人類理想智慧結晶

古代社會對於充分理解自然法則，具備經驗及睿智的長老，抱持敬畏之心。其累積的智慧，被想像成靈能力般的存在。將人類理想中的極致智慧神格化後，演變而成的正是這位神明。因此祂被視為智慧之神受到崇敬，現今特別作為祈求考試合格的神明深受喜愛。

名號中的「八意」，為站在多種角度思考的意涵，「兼」則是兼備，表示一人能夠進行多項事物的能力。關於「思兼」一詞，本居宣長[*1]在《古事記傳》中，解釋為「兼具數人思考智慧之心」。換句話說，這位神明是將無數人類具備的各種智慧，聚集一身後的結晶。

主導天岩戶前的祭祀儀典

八意思兼神在著名的天岩戶神話中相當活躍。

當天照大神隱身天岩戶，使得世界轉為一片暗黑，深感困擾的高天原眾神們，請這位智慧之神企劃安撫天照大神的盛大祭典。

於是祂驅使著製造鏡子及勾玉的神祇，奉獻豪華玉串的神祇，唱念美麗祝詞的神祇，與歡欣舞蹈的神祇，成功地撫慰了天照大神，並引導大神走出岩戶，讓世界重拾光明。

神社導覽

祭祀八意思兼神的秩父神社（埼玉縣秩父市），在中世時與妙見大神結合，以其神使貓頭鷹製成的學問成就、考試合格御守相當受到歡迎。其他還有戶隱神社中社（長野市），日前神宮（和歌山市），思金神社（神奈川縣橫濱市），氣象神社（東京都杉並區高圓寺冰川神社境內）等。

*1 本居宣長為江戶時代的國學者（國學為研究受外來文化影響前的日本古典思想）、文學者及醫師。《古事記傳》為其鑽研《古事記》後，加以編寫注釋及校正的著作。

天太玉命

御神恩 事業繁榮、生意興隆、技術精進、學問進步、結緣等

別稱 太玉命、大麻比古命

神格 紡織物神、麻神、日本產業總祖神

創造出祭典儀式使用的玉串及注連繩之神

經常在神社見到的注連繩[*1]，或作為神事重要祭具之一被使用的玉串[*2]，根源來自天太玉命。祭具是神道中，為了讓神明與人類交流的重要咒器。也因為天太玉命最初創造這些祭具時，使用楮或麻織成的布料作為玉串材料，因此自古以來也被信仰為麻神、紡織物神。

神話裡，為引出隱藏在天岩戶裡的天照大神，天太玉命於岩戶前進行卜卦，在枝葉茂盛的紅淡比枝葉上，掛垂了玉飾、鏡面、白木綿・青木綿（楮麻織布），製作成豪華玉串。當大神走出岩戶後，作為結界，該神在入口掛上的尻久米繩，也成為注連繩起源。

執行宮廷祭祀的忌部氏祖神

日本眾神中，有將神祭祭祀功能神格化後的神明，天太玉命也為其一。

在《日本書紀》裡，祂隨天孫一同降臨地表後司管祭祀，成為執行宮廷祭祀的忌部氏遠祖。因天太玉命在神話中製作了玉串，被認為象徵著代代擔任製作宮廷祭祀祭具部門的忌部氏職務。

神社導覽

以天太玉命為主祭神的千葉縣館山市安房神社，傳說是遠從阿波國（德島縣）經由海路，移居房總地區的忌部氏，為在此祭祀氏族祖神創建而來。另外，自古作為阿波與淡路總產土神受到崇敬的阿波國一之宮，大麻比古神社（德島縣鳴門市）也是代表神社之一。

*1 注連繩為辮子狀的長繩。主要作用為保護神域的結界，通常掛在神社入口或拜殿前方。或是為在巨石及神木周圍。

*2 玉串主要以紅淡比枝葉製成，枝葉上掛有紙垂（閃電形白色紙條）。可作為神靈憑依，也可代表人們向神靈獻上敬意。

天鈿女命

御神恩｜藝能（歌舞音曲）、茶道、花道、書道等技術精進、結緣、夫妻圓滿等

別稱 天宇受賣命

神格 藝能神、神樂・技藝祖神

在天岩戶前熱情狂舞的日本藝能祖神

天鈿女命是作為藝能神而廣為人知的女神。在日本神話焦點的天岩戶神話段落中，演出狂熱舞蹈，吸引聚集岩戶前的眾神發出熱情歡呼。這場熱鬧翻騰的騷動，使得天照大神打開岩戶門，重現姿態，太陽光輝再度照耀世間。

因這段著名場景，天鈿女命成為日本藝能起源的神事藝能神樂祖神。而從神樂又衍生出各式各樣的日本藝能，於是天鈿女命便成為藝能守護神而深受敬仰。另外，天鈿女命在《古事記》或《日本書紀》裡被記載為「巧妙招攬神靈（巧みに俳優をなし）」，因此也成為演員[*1]起源。「俳」意指神業（所為、行為、技術），代表使神靈憑依的行動。

*1 演員的日文單字為「俳優」，源自日本神話。意指招攬神靈，後演變為娛樂大眾之舉。
*2 鎮魂祭為宮廷祭禮中，強化天皇靈力的儀式。

開闢未來命運之力

受天照大神之令，隨天孫一同降臨地表途中，天鈿女命與出現在天之八衢的猿田彥神相遇。兩神婚後居住伊勢國（三重縣），成為宮廷祭祀中，鎮魂祭[*2]或大嘗祭[*3]等相關的猿女君[*4]祖神。

和猿田彥神相遇結婚的神話，也象徵勇敢面對阻擋眼前的難境，開闢未來戀情命運的女神結緣之力。

神社導覽

日本的天鈿女命總本社，是三重縣鈴鹿市椿大神社別宮的椿岸神社。每年三月上旬舉行的扇感謝祭（藝能祭），吸引許多信眾前來而熱鬧非凡。在京都市右京區車折神社境內的藝能神社，因為鄰近太秦地區的電影片廠，因此受許多藝能界相關人士前去參拜，並作為藝能・藝術守護神受到崇敬。

*3 大嘗祭是天皇即位後，第一次舉行的新嘗祭。所謂新嘗祭，是每年 11 月，由天皇向神明獻上新收米穀後，再行品嘗。因大嘗祭一任天皇僅有一次，因而盛大舉行。

*4 將天鈿女命視作始祖的猿女君，是負責朝廷祭祀的氏族之一。在鎮魂祭負責舞蹈，或是在大嘗祭中擔任前導職務。

神功皇后

御神恩｜安產、育子、家庭圓滿、良緣、除厄、疾病痊癒等

別稱 息長帶比賣命、氣長足姬尊、聖母大菩薩

神格 聖母神、勝運神、八幡神的親神

以八幡神母神的神力，守護安產育子

日本女神大多帶有產下御子神的強烈母神性質，神功皇后也是以母子神信仰為基本神德的代表性女神之一。眾人皆知祂是應神天皇母神，就是八幡神的親神，因此現今主要以守護安產育子深受崇敬。

傳說中描述的神功皇后姿態，與邪馬台國女王──卑彌呼[*1]的形象重疊，可說是完美重現女豪傑、烈母等形容詞的女神。另因祂在遠征新羅時，受住吉神靈力取得勝利，自古也作為勝戰神被崇拜。由於其母子神性質，在鎌倉時代因神佛習合，作為女性神明被稱為聖母大菩薩，祂的神威也隨八幡信仰或住吉信仰廣布。

衍生出安產信仰的鎮懷石傳說

神功皇后的聖母神性質，來自異常生產（產下神子的神話用語）為主題的鎮懷石傳說。

遠征新羅時，發現自己懷有身孕的皇后，在腰部綁上兩顆小石子，祈求延遲生產。從筑紫國凱旋歸來後，才順利生下應神天皇。

這則傳說，反應出自古流傳在九州地區，被稱為「神母」或「聖母」的當地民俗母子神信仰。

神社導覽

除被祭祀在八幡宮內，以祭祀丈夫仲哀天皇神靈為起源，神功皇后後也降下神諭一同鎮座於香椎宮（福岡市東區）。另也被祭祀在以祈求安產聞名的宇美八幡宮（福岡縣宇美町），《日本書紀》記載的忌宮神社（山口縣下關市），與住吉大社第四本宮（大阪市住吉區）等。

*1 關於邪馬台國及其女王卑彌呼的資料，日本沒有正式史料記載，僅能靠中國文獻推論。《魏志倭人傳》曾記載「倭國亂、相攻伐歷年 、乃共立一女子卑彌呼爲王」。《三國志》也描述「冬十二月，倭國女王俾彌呼遣使奉獻。」

神明系譜

天御中主神
高御產巢日神
八意思兼神
神產巢日神
少彥名神
天常立神
國常立神
伊邪那岐命
伊邪那美命
※黃泉國白山大神

惠比壽大神
天御柱命・國御柱命
三島大神
保食神
愛宕大神
罔象女神
鹿島大神
貴船大神

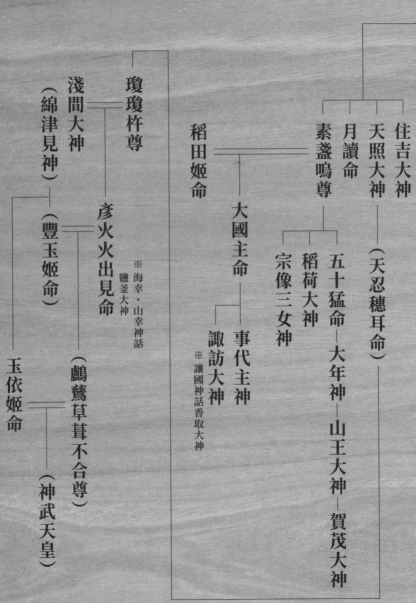

住吉大神

天照大神—（天忍穗耳命）

月讀命

素盞嗚尊＝稻田姬命

五十猛命—大年神—山王大神—賀茂大神

稻荷大神

宗像三女神

大國主命

事代主神

諏訪大神

※讓國神話香取大神

瓊瓊杵尊＝淺間大神（綿津見神）

彥火火出見命

※海幸・山幸神話
鹽釜大神

（豐玉姬命）

（鸕鶿草葺不合尊）＝玉依姬命

（神武天皇）

日本的神明，多謝照顧

イラスト版 けっこうお世話になっている「日本の神様」がよくわかる本

作　　者　戸部民夫
監　　修　細谷敏雄
插　　圖　岡本かな子
譯　　者　抹茶糰子
裝幀設計　黃畇嘉
行銷業務　張瓊瑜、陳雅雯、余一霞、汪佳穎
　　　　　王綬晨、邱紹溢、郭其彬
副總編輯　王辰元
總 編 輯　趙啟麟
發 行 人　蘇拾平

出　　版　啟動文化
　　　　　台北市105松山區復興北路333號11樓之4
　　　　　電話：（02）2718-2001　傳真：（02）2718-1258
　　　　　Email：onbooks@andbooks.com.tw

發　　行　大雁文化事業股份有限公司
　　　　　住址：台北市105松山區復興北路333號11樓之4
　　　　　24小時傳真服務：（02）2718-1258
　　　　　Email：andbooks@andbooks.com.tw
　　　　　劃撥帳號：19983379
　　　　　戶名：大雁文化事業股份有限公司

初版一刷　2018年12月
定　　價　350元
I S B N　978-986-493-100-2

國家圖書館出版品預行編目(CIP)資料

日本的神明，多謝照顧 / 戶部民夫著；細谷敏雄監修；抹茶糰子譯. -- 初版. -- 臺北市：啟動文化出版：大雁文化發行, 2018.12
面； 公分
譯自：イラスト版 けっこうお世話になっている「日本の神様」がよくわかる本

ISBN 978-986-493-100-2(平裝)

1. 神祇 2. 民間信仰 3. 日本

273.2 107020098

"NIHON NO KAMISAMA" GA YOKUWAKARU HON

First published in Japan in 2015 by PHP Institute, Inc.
Illustrations by Kanako OKAMOTO

家內繁榮